세상을 앞으로! 바꾼 인권

상상의집

세상을 읽으로 바꾼 인권

글 신현수 | **그림** 안희영
펴낸날 2015년 9월 14일 초판 1쇄, 2017년 2월 23일 초판 3쇄
펴낸이 김상수 | **기획·편집** 위혜정, 김새롬 | **디자인** 문정선, 김송이 | **영업·마케팅** 황형석, 서희경
펴낸곳 루크하우스 | **주소** 서울시 성동구 아차산로 143 성수빌딩 208호 | **전화** 02)468-5057~8 | **팩스** 02)468-5051
출판등록 2010년 12월 15일 제2010-59호
www.lukhouse.com   cafe.naver.com/lukhouse

ⓒ 신현수 2015
저작권자의 동의 없이 무단 복제 및 전재를 금합니다.

ISBN 979-11-5568-199-2 73300

※ 잘못된 책은 구입처에서 바꾸어 드립니다.
※ 값은 뒤표지에 있습니다.

상상의집은 (주)루크하우스의 아동출판 브랜드입니다.

우리가 알아야 할 인권의 역사

우리는 누구나 사람답게 살고 싶어 해요. 사람답게 산다는 것은 태어나면서부터 갖고 있는 인간으로서의 권리, 곧 인권을 누리며 사는 걸 뜻한다고 할 수 있어요.

만약에 우리가 인권을 누릴 수 없다면 어떻게 될까요? 그 답은 분명해요. 옛날에 존재했던 노비나 노예처럼 비참하게 살아야 할 거예요. 우리가 사는 현대 사회는 대체로 인권이 보장되고 있지만, 세계 구석구석 어두운 곳에서는 아직도 인권을 누리지 못한 채 끔찍한 삶을 살아가는 이들이 적지 않아요. 참으로 슬프고 안타까운 일이지요.

그런데 누구나 인권을 누려야 한다는 생각은 인류가 생겨났을 때부터 있었을까요? 우리가 누리는 인권은 저절로 주어진 것일까요? 결코 그렇지 않아요. 아주 먼 옛날에는 '인권'이라는 말도 개념도 없었고, 모든 사람에게 인권이 평등하게 주어지지도 않았거든요.

그래서 고대부터 현대에 이르기까지 사람답게 살 수 있는 권리를 찾으려고 많은 이들이 무척 애를 썼어요. 피 흘리는 투쟁도 마다하지 않으면서요.

이를테면 고대 로마의 노예 검투사 스파르타쿠스나 고려 시대의 노비 만적은 사람다운 삶을 찾고자 목숨을 걸고 투쟁했어요. 또 1600년대에 영국 사람들은 권력을 마구 휘두르던 왕에 맞서 청교도 혁명과 명예혁명을 잇달아 일으켜 「권리 청원」과 「권리 장전」을 내놓았어요. 이 두 문서는 절대적이었던 왕권을 제한하고 국민의 권리를 요구했다는 점에서 인권의 역사를 이야기할 때 아주 중요하게 평가되지요.

이어 1776년에는 북아메리카 식민지 사람들이 영국으로부터 독립을 외치며 미국을 세웠는데, 이 과정에서 「독립 선언서」를 발표했어요. 이는 인권을 향한 첫걸음으

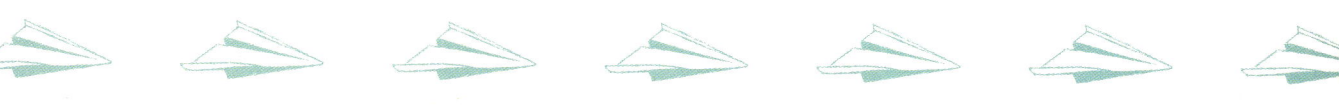

　로 평가될 만큼 인권의 역사에서 무척 중요한 내용을 담은 문서랍니다.

　1789년에 일어난 프랑스 혁명도 인권을 발전시키는 데 아주 큰 역할을 했어요. 파리 시민들이 왕과 귀족들의 횡포에 맞서 평등과 자유를 외친 혁명이었거든요. 특히 이때 발표된 「프랑스 인권 선언」은 1948년에 선포된 「세계 인권 선언」의 바탕이 되기도 했어요.

　우리나라에서도 1894년에 농민들이 신분 차별을 없애고 모두가 평등하게 살자고 외치며 동학 농민 운동을 일으켰어요. 비록 실패로 끝나기는 했지만 동학 농민 운동은 우리나라 인권의 역사를 말할 때 결코 빼놓을 수 없는 엄청난 사건이지요.

　한편 20세기에 일어난 제1, 2차 세계 대전은 힘들게 발전시켜 온 인권을 뒷걸음치게 했어요. 목숨을 앗아 가고 자유를 억누르는 전쟁이야말로 인권을 가장 심하게 위협하는 것이니까요. 그래서 제2차 세계 대전이 끝난 뒤 사람들은 평화와 인권을 지켜야겠다는 생각에서 유엔(UN)을 만들고 「세계 인권 선언」도 채택했어요. 세계 모든 국가의 국민들이 누릴 수 있는 인권의 공동 기준이자 기초적인 약속이라는 점에서 「세계 인권 선언」은 그 뜻이 매우 깊어요. 또한 인권과 관련한 국제 조약까지 잇달아 마련됨으로써 세계 사람들은 인권을 한층 더 보장받을 수 있게 되었답니다.

　나는 이 책을 통해 지금 우리가 누리는 인권이 수많은 사람들이 힘겹게 싸워 얻은 노력의 결과라는 걸 여러분에게 알려 주고 싶었어요. 또 인권이 발전하면서 우리가 사는 세상도 한 걸음씩 한 걸음씩 앞으로 나아가게 됐다는 걸 일러 주고도 싶었지요. 앞으로도 우리 모두 소중한 인권을 지키고 발전시키기 위해 서로 노력하기로 약속해요.

신현수

차례

1. 우리는 똑같은 사람이다!
자유를 외친 위대한 노예와 노비들

자유를 위해 싸운 영웅, 스파르타쿠스 · 13
깊이 읽기 '뿔 없는 소'로 불린 중세 유럽의 농노 · 20
노예 무역 시대 흑인 노예들의 삶
인물 돋보기 만적, 노비 해방을 외치다 · 24

2. 인간의 권리는 누구도 침범할 수 없다!
영국의 청교도 혁명과 명예혁명

왕의 정치에서 의회 정치로! · 29
깊이 읽기 왕의 허락을 구한 「권리 청원」 · 38
법률로 인정받은 「권리 장전」
인물 돋보기 존 로크, 명예혁명의 정당성을 밝히다! · 42

3. 식민지에서 독립국으로!
미국의 독립 혁명

우리는 영국의 지배를 거부한다! · 45
깊이 읽기 오늘날 미국의 시작, 「독립 선언서」 · 52
노예 무역과 노예 제도 폐지
인물 돋보기 『상식』을 통해 독립심에 불을 지핀 토머스 페인 · 56

4. 자유와 평등을 외치다
프랑스 혁명

인간과 시민의 권리를 선언하다! · 59
깊이 읽기 자유·평등·박애의 정신이 깃든 「프랑스 인권 선언」 · 66
인물 돋보기 프랑스 혁명의 교과서, 『사회 계약론』을 쓴 장 자크 루소 · 68

5. 사람이 곧 하늘이다!
동학 농민 운동

차별 없는 세상을 꿈꾼 농민들 · 71
깊이 읽기 동학 농민군의 소망이 담긴 「폐정 개혁안」 · 78
인물 돋보기 동학 농민군을 이끈 녹두 장군, 전봉준 · 80

6. 세계 모든 이들의 인권을 위하여!
세계 인권 선언

전쟁의 아픔을 딛고 탄생한 「세계 인권 선언」 · 83
깊이 읽기 인권을 지키는 세계인의 약속 · 88
인물 돋보기 「세계 인권 선언」 탄생을 이끈 엘리너 루스벨트 · 90

7. 인권을 외치다!
인권을 지킨 사람들

로자 파크스와 마틴 루터 킹, 차별에 맞서다! · 93
인물 돋보기 세계 역사 속 인권을 지킨 인물들 · 96
우리 역사 속 인권을 지킨 인물들

인권 속으로, 역사 속으로

천부성

항구성

불가침성

보편성

인권은,
사람이라면 누구나 당연히 누려야 하는 권리야.

태어나는 그 순간부터 **천부성**

영원히 함께하는 인권은 **항구성**

어떠한 이유에서도 빼앗을 수 없어. **불가침성**

인종, 성별, 종교, 국적 등이 다를지라도

똑같이 인권을 누려야 하지. **보편성**

그런데 지금 우리가 당연하게 누리는 인권은
과거 많은 사람들이 간절히 바라던 것이었단다.
많은 사람들의 노력과 희생이 쌓여
비로소 모두가 인권을 누리게 된 거지.

인권이 세상을 앞으로 바꿔 온 역사와
그 의미를 지금부터 돌아볼까?

-1-
우리는 똑같은 사람이다!
자유를 외친 위대한 노예와 노비들

누구나 태어나면서부터 인간으로서 누려야 할 권리를 갖고 있어. 이것을 '인권'이라고 해. 그런데 아주 먼 옛날에는 인권이라는 말도, 개념도 없었어. 당연히 모든 사람에게 인권이 평등하게 주어지지도 않았지. 아니 인권이 주어지기는커녕, 계급이 형성돼 차별을 받는 이들이 생겨났지.

특히 노예와 노비는 사람대접을 받지 못했고, 자유를 뺏긴 채 심한 차별과 고통 속에서 비참하게 살아야 했어.

그런데 노예와 노비 가운데서 자유와 평등, 인간다운 삶을 누리고자 저항했던 이들이 있었어. 비참한 현실 속에서도 인간다운 삶을 꿈꾸며 세계 인권 역사의 첫 장을 쓴 사람들의 이야기를 시작해 볼까?

자유를 위해 싸운 영웅, 스파르타쿠스

로마의 검투사

"귀족이든 노예든 모두가 똑같은 사람이라오. 다 함께 힘을 모아 자유를 찾읍시다!"

기원전 73년, 로마의 노예 검투사*였던 스파르타쿠스는 훈련소에서 동료들을 모아 놓고 이렇게 외쳤어. 동료들도 주먹을 불끈 쥐며 소리쳤지.

"어차피 경기장에서 죽을 목숨, 단 하루라도 인간답게 살아 봅시다!"

스파르타쿠스는 70명 남짓한 노예 검투사들을 이끌고 훈련소를 탈출했어. 그러곤 베수비오 산으로 가서 로마군과 맞서 싸울 준비를 했지. 뛰어난 검투사로 소문난 스파르타쿠스가 다른 노예 검투사들과 함께 반란을 일으킨 거야.

'로마'라고 하면 대부분 이탈리아 수도를 떠올리지? 그런데 여기서 말하는 로마는 고대 로마를 뜻한단다.

로마는 원래 이탈리아 반도에 있던 작은 도시 국가였어. 스파르타쿠스의 반란이 일어났을 무렵엔 이탈리아 반도를 통일하고 영토를 점점 넓혀 가고 있었지. 유럽을 넘어 아시아, 아프리카까지 말이야.

이렇듯 강한 군사력을 자랑하던 로마에는 이곳저곳에서 잡혀 온 노예가 무척 많았어. 전체 인구의 25~30%나 될 정도였다고 하니 정말 엄청나지?

*검투사 고대 로마 때, 원형 경기장에서 사람 또는 동물과 싸우는 일을 했던 사람

노예들은 물건이나 가축처럼 시장에서 팔렸는데, 집안일을 하며 시중을 드는 노예가 있는가 하면 건축업이나 수공업 등 전문적인 일을 하는 노예도 있었어. 하지만 농장이나 광산 등 가혹한 환경 속에서 온종일 힘들게 일하는 노예들이 가장 많았단다.

스파르타쿠스 같은 노예 검투사들은 특히 비참한 삶을 살았어. 원형 경기장에서 다른 검투사와 서로 죽을 때까지 싸우거나, 사나운 짐승과 대결하다가 그 자리에서 먹잇감이 되기도 했지. 도대체 왜 그래야 했냐고? 그때 로마 사람들은 노예를 자신들과 같은 사람이라고 생각하지 않았어. 그래서 노예 검투사들이 목숨을 걸고 하는 싸움을 볼거리의 하나라고 여겼지. 오늘날 우리가 축구나 야구 경기를 관람하는 것처럼 말이야.

노예 검투사들은 오직 로마 시민을 즐겁게 하기 위해 채찍을 맞아 가며 검투 훈련을 받았고, 경기장에 나가서는 죽음을 무릅쓰고 싸워야 했어. 간혹 검투 경기에서 계속 이겨 인기와 자유를 얻는 이도 있었지만, 그런 경우

는 정말 드물었단다. 대부분의 검투사들은 경기장에서 숨을 거두었거든. 스파르타쿠스와 노예 검투사들이 반란을 일으킨 것은 이런 비참한 삶을 더는 견딜 수 없었기 때문이야.

스파르타쿠스가 왜 노예 검투사가 된 것인지는 정확히 알려지지 않았어. 전쟁에서 포로로 잡혀 노예가 됐다는 얘기도 있고, 원래는 로마군이었는데 군대에서 도망쳤다가 잡혀 노예가 됐다고도 전해지지.

어쨌거나 스파르타쿠스는 아는 것이 많고 침착하며 신중했다고 해. 몸집이 크고 튼튼한 데다 칼과 창을 다루는 솜씨도 아주 뛰어났다지.

스파르타쿠스가 반란을 일으켰다는 소식에 로마 정부는 군사 3천여 명을 급히 베수비오 산으로 보냈어. 로마군이 노예군을 금세 무찌를 것이라고 자신하면서 말이야. 과거에도 노예들이 반란을 일으킨 적이 있지만 쉽게 물리쳤거든.

하지만 이게 웬일이야? 오히려 스파르타쿠스가 이끄는 노예군이 로마군을 가뿐히 물리쳤어. 70명 남짓한 노예군이 어떻게 3천여 명의 로마군을 물리쳤냐고? 다 그럴 만한 이유가 있었어.

우선 스파르타쿠스의 노예군은 70명이 아니었어. 훈련소를 탈출한 노예 검투사가 70명쯤 된 건 맞지만, 그 뒤 스파르타쿠스는 이곳저곳을 누비며 검투사들을 불러 모았거든. 그리고 그때 베수비오 산으로 온 로마군은 전문적인 훈련을 받은 군사가 아니었어. 여기저기서 돈을 벌기 위해 급히 몰려온 젊은이들이라 전투 능력이 부족했지. 이에 비해 노예 검투사들은 온갖 훈련을 받은 데다 그동안 쌓인 원한과 자유를 향한 열망으로 가득했지. 온 힘을 다해 싸운 노예군이 로마군을 이긴 것은 당연한 결과였어.

스파르타쿠스의 노예 반란

이렇게 되자 주변의 농장과 광산에서 일하던 노예들까지 너도나도 베수비오 산으로 몰려들었어. 노예군의 숫자가 늘어나자 로마 정부는 베수비오 산으로 다시 1만 2천여 명이나 되는 군대를 보냈어. 하지만 노예군은 이번에도 로마군을 무찌르고 무기와 깃발까지 빼앗아 버렸단다. 이 소식은 곧 로마 곳곳으로 퍼져 나갔어.

"위대한 노예군이 로마군을 무찔렀다. 우리도 스파르타쿠스를 따르자! 더 이상 노예로 살지 않겠어."

"노예가 아닌, 사람으로 살 수 있는 세상을 만들자!"

노예들은 이렇게 외치며 스파르타쿠스에게로 몰려왔어. 어느새 노예군은 수만 명으로 늘어났단다.

스파르타쿠스는 이렇게 모인 군사들을 짜임새 있게 배치하고 체계적인 훈련을 시켰어. 또 말을 탄 채 싸울 수 있는 기병대를 꾸리고, 직접 무기를 만들기도 했단다.

로마 정부는 더 많은 군사들을 보내 노예군을 물리치려 했어. 하지만 노예군을 당해 낼 수 없었지. 노예군은 로마군을 잇달아 물리치고 이탈리아 반도 남쪽 대부분을 차지해 버렸단다.

그런데 하나로 똘똘 뭉쳤던 노예군에 틈이 생기고 말았어. 이탈리아 남쪽에만 머무를 것이 아니라 내친김에 로마로 쳐들어가 노예 신분에서 완전히 벗어나자는 무리와, 이제 그만 고향으로 돌아가 행복하게 살고 싶다는 무리로 나뉘게 된 거야.

서로 생각이 달라지자 견고했던 노예군의 힘은 서서히 약해져 갔어. 그러면서 점차 로마군에게 밀리기 시작했지.

스파르타쿠스는 어느 쪽이었느냐고? 스파르타쿠스는 로마를 공격하는 것에 반대했어. 그렇다고 고향으로 돌아가자는 쪽도 아니었지.

'일단 나를 따르는 군사 일부를 데리고 이탈리아 반도를 빠져나가 시칠리아 섬으로 향하자. 시칠리아 섬에 터를 잡고 다시 일어설 기회를 노리는 거야!'

스파르타쿠스는 이렇게 생각하고 계획을 짰어. 하지만 일이 어긋나는 바람에 바다를 건너지 못했단다.

그렇게 시간이 흐르다 결국 최후의 날이 다가왔어. 기원전 71년, 노예군은 로마군의 총공격에 패해 대부분 죽고 말았단다. 포로로 붙잡힌 6천여 명의 노예군은 길가에 세워진 십자가에 못 박혀 처형되었지.

스파르타쿠스는 마지막까지 로마군에 맞서 용감하게 싸우다가 죽었다고 해. 그러나 전투를 하다가 죽었는지, 처형을 당했는지는 확인할 수 없었단다. 도대체 누가 스파르타쿠스인지 찾아낼 수가 없었기 때문이야. 왜냐하면 그는 지도자였지만 다른 노예군과 똑같이 허름한 옷을 입고 전투를 했거든.

로마군이 노예군을 붙잡은 뒤 스파르타쿠스가 누구냐고 물었을 때, 노예군은 너도나도 이렇게 대답했다고 해.

"내가 바로 스파르타쿠스다."

"내가 진짜 스파르타쿠스다!"

로마군은 끝내 스파르타쿠스를 찾아낼 수 없었대. 노예군이 스파르타쿠스를 보호해 줬던 거야.

어찌 되었건 스파르타쿠스의 반란은 결국 실패로 끝나고 말았어. 노예 검투사라는 낮은 신분에서 벗어나 인간답게 살고자 했던 이들은 그 뜻을 이루지 못했지.

스파르타쿠스의 반란이 실패로 끝나고 얼마 뒤인 기원전 27년, 아우구스투스가 로마 제국의 제1대 황제 자리에 올랐어. '모든 길은 로마로 통한다.'라는 말이 생겼을 정도로 로마 제국은 엄청나게 번영했지.

로마 제국에서는 스파르타쿠스의 반란을 비웃기라도 하듯, 검투 경기와 노예 제도가 오랫동안 이어졌어. 그러나 스파르타쿠스의 반란은 한낱 '노예 반란'이 아니라 '노예 전쟁'이라고도 할 만큼 세계 역사, 나아가 인권의 역사에 뚜렷한 발자국을 남겼지.

그리고 "똑같은 사람으로 태어났는데 어째서 노예들은 자유로울 수 없는가?"라고 물었던 스파르타쿠스의 물음은 지금도 많은 사람들의 마음을 울리고 있단다.

노예는 언제부터 존재했을까?

노예란 '인간으로서 누려야 할 자유와 권리를 빼앗기고 다른 사람의 지배를 받는 사람'을 말해. 과거 노예들은 주인이 시키는 일이라면 무엇이든 해야 했어. 물건처럼 사고팔리는 것은 물론 주인의 말 한 마디에 목숨을 잃기도 했지. 노예에겐 어떠한 인권도 보장되지 않았던 거야.

노예 제도는 아주 오랜 역사를 갖고 있어. 세계에서 가장 오래된 문명으로 알려진 수메르를 시작으로 전 시대와 지역에 걸쳐 노예 제도에 대한 기록이 남아 있지.

고대 사회에서 노예가 특히 많았다고 해. 고대 로마나 아테네에서는 전체 인구의 20~40%가 노예였다고 하거든. 주로 전쟁에서 사로잡힌 포로들이나 죄를 저지른 사람, 빚을 지고 갚지 못한 사람들이 노예가 되었지. 간혹 가족들을 먹여 살리기 위해 스스로 노예가 되는 경우도 있었고 말이야.

노예는 대개 평생을 노예 신분으로 살아야 했고, 그들이 낳은 자식 또한 태어나자마자 노예가 됐단다.

깊이 읽기

'뿔 없는 소'로 불린 중세 유럽의 농노

중세 유럽은 농업을 중심으로 하는 봉건주의 사회였어. 봉건주의 사회란 절대적인 힘을 가진 지도자가 그 아래 사람들을 거두어 다스리는 것을 말해.

왕이 귀족인 영주에게 땅을 나눠 주면, 영주는 왕을 위해 충성을 바치고 전쟁이 일어나면 기사들을 이끌고 전쟁터로 나갔어. 왕이 영주에게 나눠 준 땅을 '장원'이라고 한단다.

영주는 장원을 다스리는 작은 왕이라고 볼 수 있어. 백성들은 장원에 살면서 영주를 위해 일을 하고 세금을 바쳤지.

장원에 사는 사람들 중에는 농민이 가장 많았고, 이들을 가리켜 '농노'라고 했어. '농사짓는 노예'라는 뜻이지. 농노들은 장원에서 사는 대가로 영주의 논밭을 가꿔 주고, 방앗간 같은 장원의 시설을 이용할 때마다 세금을 내야 했어. 또 영주를 위해 온갖 궂은일을 해야 했지.

농노는 결혼을 해서 가정을 꾸리거나, 집이나 논밭 등 약간의 재산을 가질 수 있었어. 그러나 영주한테 허락을 받지 않고서는

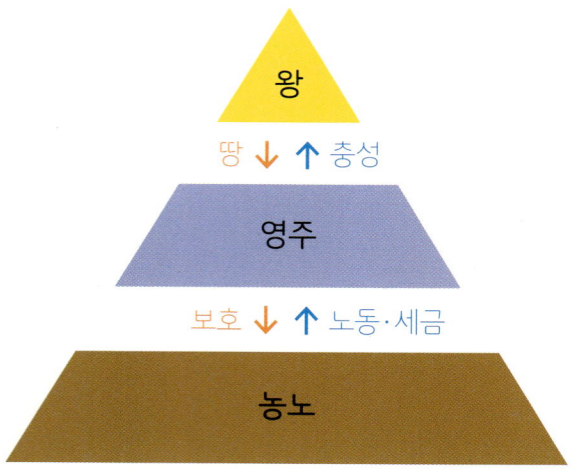

다른 곳으로 이사 가거나 마음대로 직업을 바꿀 수 없었단다.

중세 유럽의 농노는 고대의 노예보다는 훨씬 자유롭고 사는 형편도 나았어. 하지만 자유가 제한된 존재라는 점에서는 노예와 별 다를 바가 없었지.

농노는 고대 노예처럼 비참한 삶을 살진 않았지만, 인권을 누릴 수는 없었어. 스스로 독립적인 권리를 갖춘 존재가 아니라, 영주의 지배를 받는 부속물에 지나지 않았기 때문이야.

이처럼 중세 유럽의 농노는 여러 신분적 제약을 받으며 영주의 지배 아래 놓였기에, '뿔 없는 소'라고 불리기도 했단다.

△ 중세 유럽 농노의 모습을 그린 그림

노예 무역 시대 흑인 노예들의 삶

 노예를 사고파는 노예 무역의 역사는 매우 깊어. 일찍이 고대부터 전쟁 포로나 죄인 등을 노예로 사고팔았거든.

 그런데 1500년대~1800년대에는 아주 큰 규모로 노예 무역이 이루어졌어. 영국, 포르투갈, 에스파냐 등 유럽 강대국들이 아프리카 흑인들을 잡거나 싼값에 사서 노예로 팔아 버렸거든. 이렇게 팔린 흑인 노예들은 아메리카 대륙의 광산이나 농장에서 가혹한 대우를 받으며 일을 해야 했단다.

 이때의 노예 무역을 가리켜 '대서양 노예 무역' 또는 '삼각 무역'이라고 해. 노예를 배에 태워 대서양을 오가며 유럽·아프리카·아메리카 세 대륙을 돌았는데, 지도에서 이 세 대륙을 이으면 삼각형 모양이 되기 때문이야.

 흑인 노예들은 손발이 쇠사슬에 묶인 채 배 밑바닥에 짐짝처럼 실려 아메리카 대륙으로 가는 동안 목숨을 잃는 경우가 많았어. 또 가까스로 아메리카 대륙에 도착한 뒤엔 백인이 운영하는 광산이나 대농장에서 끔찍한 노동을 해야 했지. 제대로 먹지도 입지도 자지도 못한 채 채찍을 맞아 가며 온종일 힘들게 일해야 했단다. 흑인 노예들은 아주 작은 실

수만 해도 죽을 만큼 맞거나 손발이 잘리는 등 온갖 끔찍한 일을 당하기 일쑤였어.

 이렇게 1500년대~1800년대에 아메리카 대륙으로 끌려간 흑인 노예들은 무려 1,100만~1,200만 명이나 된다고 해. 흑인 노예들은 비참한 삶을 견디다 못해 반란을 일으키기도 했지만 거의 대부분 실패하고 목숨을 잃었단다. 그 얼마 후인 1800년대 초부터 영국·프랑스 등에서 노예 무역이 금지되고, 노예 제도가 법적으로 사라졌어. 하지만 노예 제도가 완전히 없어진 것은 아니었지. 이에 대해서는 뒤에서 자세히 살펴보도록 하자.

인물 돋보기

만적, 노비 해방을 외치다

서양에 노예 제도가 있었다면, 우리나라엔 노비 제도가 있었어.

노비 제도가 언제부터 있었는지는 확실하지 않아. 다만 고조선의 8조법에 '남의 물건을 훔친 자는 그 집의 노비로 삼는다.'라는 조항이 남아 있고, 부여의 법률에 '살인자의 가족은 노비로 삼는다.'라는 구절이 있는 것으로 보아 아주 오래전부터 노비 제도가 있었을 것으로 추측하지.

노비는 전쟁에서 포로로 잡혔거나, 범죄를 저질렀거나, 빚을 지고서 갚지 못했거나, 혹은 매우 가난한 사람들이었어. 또 부모 중 한쪽이라도 노비이면 자식도 노비 신분을 물려받았지.

노비는 궁궐이나 관청에 속한 공노비와 개인에게 딸린 사노비로 나뉘었어. 공노비는 나랏돈을 받고 일하면서 자유롭게 결혼하는 등 그나마 좋은 대우를 받았어. 하지만 사노비는 그렇지 않았지. 주인의 재산이나 마찬가지였기 때문에 물건이나 가축처럼 사고팔고 심지어 선물로도 주고받았단다.

고조선의 8조법

기원전 2333년, 단군이 한반도에 고조선을 세웠어. 우리 민족이 처음 세운 나라로, 중국의 여러 나라와 당당하게 맞섰지. 8조법은 고조선 시대의 법률이야. 모두 8개로 이루어져 있는데, 중국의 역사책 『한서지리지』에 그중 세 가지가 전해지고 있단다. '살인자는 즉시 사형에 처한다.', '남을 다치게 한 자는 곡물로 보상한다.', '남의 물건을 훔친 자는 그 집 노비로 삼는다. 만일 용서받고자 하는 자는 50만 전을 내야 한다.' 등이 바로 그것이지. 이 내용을 보면 고조선에서는 생명과 재산을 중요하게 여긴 것을 알 수 있단다.

사노비는 다시 주인과 따로 떨어져 사는 외거 노비와 주인집에서 먹고 사는 솔거 노비로 나뉘었어. 외거 노비는 주인의 허락 아래 가정을 꾸리거나 재산을 조금 가질 수 있었지만, 솔거 노비는 그렇지 못했고 훨씬 더 천한 대접을 받았단다.

그런데 고려 시대인 1198년, 큰 권력을 가졌던 최충헌의 사노비 만적이 로마 시대 스파르타쿠스처럼 반란을 일으켰어.

"왕이며 귀족의 씨가 어디 따로 있다더냐? 이렇게 짐승처럼 일만 하며 살 수는 없다. 힘을 합쳐 노비 신분에서 벗어나 보자."

만적은 노비들을 모은 뒤 반란 계획을 세웠어.

"우리가 힘을 합치면 노비 신분에서 벗어날 수 있다. 무기를 마련해서 각자의 주인을 죽이고 노비 문서를 불태우는 거다. 그 뒤엔 궁궐로 쳐들어갈 것이다. 이 세상을 평등하게 만들고 지긋지긋한 노비 신분에서 해방되자!"

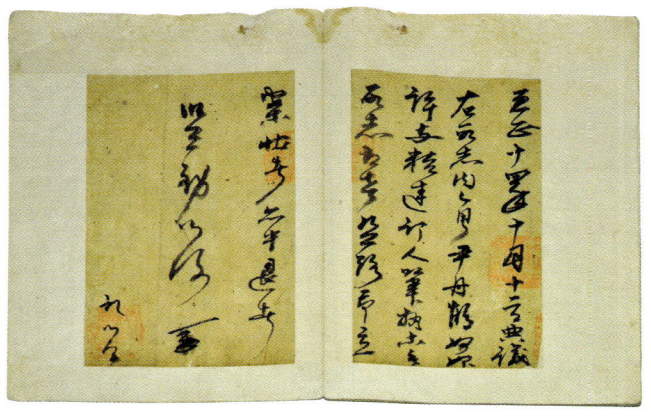

△ 고려 시대 노비 문서. 그 당시 노비 제도를 이해하는 데 도움이 되는 귀중한 자료이다.

만적과 노비들은 날짜를 정하고 궁궐 주변의 어느 절에서 모이기로 했어. 하지만 막상 약속한 날 모인 노비들은 얼마 되지 않았지. 만적은 날짜를 다시 잡고 다른 절에서 노비들과 만나기로 했단다. 마침내 그날이 되었어. 하지만 만적은 반란을 일으켜 보지도 못하고 주인인 최충헌의 군대에 붙잡히고 말았지. 함께 반란을 일으키기로 했던 노비 순정이 주인에게 그 일을 일러바쳤던 거야.

최충헌의 군대는 만적과 노비 100여 명을 꽁꽁 묶은 뒤 강물에 던졌어. 신분의 한계에서 벗어나 자유를 꿈꿨던 만적과 노비들은 아무것도

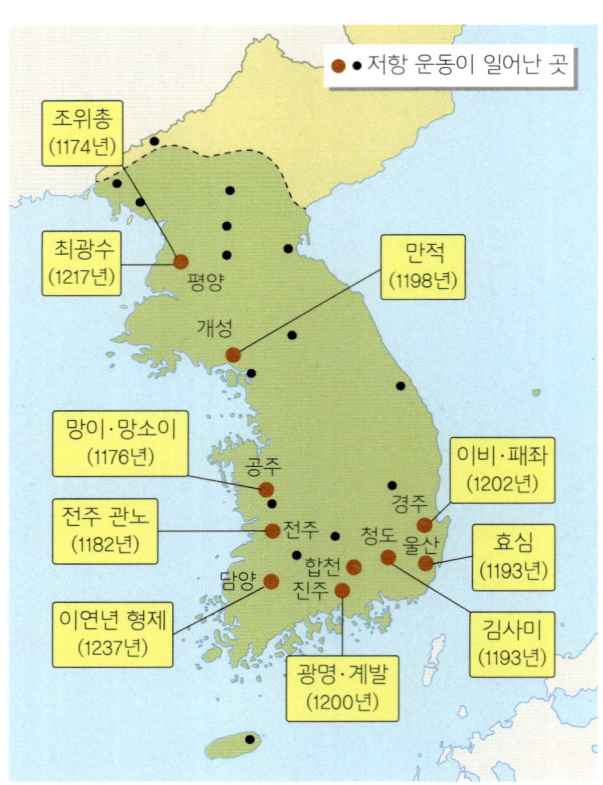

△ 고려 시대 농민과 천민의 저항 운동

해 보지 못한 채 강물 속으로 사라지고 말았지.

이 사건으로 자유를 얻은 사람은 순정 딱 한 명이었어. 반란 계획을 고자질한 대가로 노비 신분에서 풀려나 양인이 되었고, 또 큰돈도 받았지. 이렇게 만적의 난은 실패하고 말았단다.

만적의 난 말고도 고려 시대에는 전국 방방곡곡에서 저항 운동이 일어났어. 잘못된 정치에 불만을 품은 백성이 많았기 때문이야. 저항 운동은 모두 실패로 끝나고 말았지만, 사회의 가장 낮은 곳에서 시작된 신분 해방 운동이자 인권 운동이라는 점에서 큰 의의를 가지고 있단다.

고려 시대의 저항 운동

만적의 난은 고려 시대 무신 정권기에 일어난 반란이야. 그동안 차별을 받던 무신들이 난리를 일으켜 권력을 차지하며 무신 정권이 시작되었지. 하지만 정권이 바뀌어도 백성들의 삶은 여전히 고달프기만 했어. 그런데 천민 출신의 무신 이의민이 최고 권력자의 자리에 오르는 일이 생겼단다. 그러면서 천민들이 신분 상승에 대한 꿈을 키우게 되었지. 이후 전국 곳곳에서 농민과 천민들의 반란이 일어나기 시작했단다.

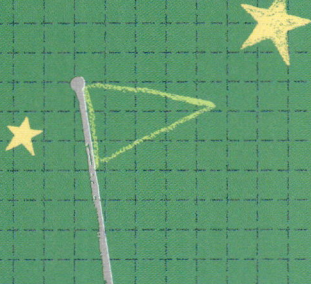

- 2 -
인간의 권리는 누구도 침범할 수 없다!
영국의 청교도 혁명과 명예혁명

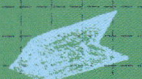

    1600년대 영국에서는 청교도 혁명과 명예혁명이 잇달아 일어났어. 절대적인 권력을 휘두르던 왕에 맞서 의회 의원들이 일으킨 혁명이었지. 두 혁명을 거치면서 영국에서는 왕이 있지만 나라의 모든 일은 의회에서 결정하는 정치 제도가 자리 잡았어.

    특히 두 차례의 혁명을 치르는 동안 영국 의회는 「권리 청원」과 「권리 장전」을 내놓았는데, 이 두 문서는 인권의 역사에서 아주 중요한 역할을 하고 있어. 절대적이었던 왕의 권한을 제한하고 국민의 권리를 요구했다는 점에서 인권의 씨앗을 뿌리는 역할을 했다고 평가받거든.

    이제부터 청교도 혁명과 명예혁명, 그리고 「권리 청원」과 「권리 장전」 이야기를 들려줄게.

왕의 정치에서 의회 정치로!

청교도 혁명, 왕권을 제한하는 「권리 청원」을 낳다

"왕은 신으로부터 권력을 받았다. 따라서 왕의 뜻이 곧 법이며, 왕은 그 누구의 간섭 없이 모든 것을 마음대로 할 수 있다."

영국의 왕 찰스 1세(1600년~1649년)는 이렇게 주장하며 권력을 함부로 휘둘렀어. 국민을 대표하는 역할을 하는 의회가 있었지만, 의회의 동의 없이 세금을 걷는가 하면, 국교회의 힘을 늘리기 위해 청교도를 억눌렀지. 그뿐만이 아니라 자기 말을 따르지 않는 사람을 잔인하게 죽이거나 가혹한 벌을 주고 감옥에 가두기도 했어.

1628년, 참다못한 의회 의원들이 들고일어났어.

"왕이 제멋대로 나라를 다스리는 걸 더 이상은 두고 볼 수 없습니다. 대책을 세웁시다!"

"이대로 두면 모든 것을 왕에게 뺏기고 말 겁니다."

이때부터 영국은 시끄러워지기 시작했단다.

> **영국 국교회와 청교도**
>
> 영국에는 국교회와 청교도라는 두 가지 종교가 있었어. 영국 국교회는 '성공회'라고도 하는데, 헨리 8세(1491년~1547년)가 가톨릭교에 불만을 품고 새롭게 내세운 종교야. 그렇지만 종교 의식과 제도는 가톨릭교와 비슷한 점이 많았지.
>
> 청교도는 국교회를 못마땅하게 여긴 이들이 만든 것으로, 사치와 낭비를 멀리하고 엄격하며 검소하고 부지런하게 사는 것을 중요하게 여겼어. 또 놀이와 연극, 도박, 술 따위를 금지하고 도덕을 지킬 것을 강조했단다.

사실 그 무렵 유럽의 왕들은 대부분 찰스 1세와 같은 생각을 갖고 있었어. '왕이 신으로부터 권력을 받았다.'는 생각, 즉 '왕권신수설'을 철석같이 믿고 있었거든.

그래서 유럽 왕들은 어마어마한 권력을 휘두르며 나라를 제멋대로 다스리고 국민들에겐 무조건 복종할 것을 강요했어. 이처럼 왕이 절대적인 권력을 갖고 나라를 다스리던 것을 '절대 왕정'이라고 해.

그런데 과학이 발전하고 새로운 학문이 생겨나면서 '자연권 사상'이 널리 퍼지기 시작했어. 자연권 사상이란 '사람은 태어나면서부터 기본적으로 보장된 권리, 즉 자연권을 가지며 그것은 다른 사람에게 건네줄 수 없다.'는 생각이야. 누구나 태어나면서부터 생명과 자유, 평등에 대한 권리를 지닌다는 것이지.

지금은 당연하게 여겨지지만 그때만 해도 자연권 사상은 새로우면서도

몹시 위험한 생각으로 받아들여졌어. 왕권신수설을 믿고 권력을 휘두르는 왕에게 맞설 수 있는 근거가 되었기 때문이지. 영국 의회 의원들이 들고일어난 것도 자연권 사상에 영향을 받아서였어.

의원들은 어떻게 하면 왕의 권한을 억누르고 국민의 권리를 보호할 수 있을까 궁리했어. 그리고 「권리 청원」이라는 문서를 만들어 찰스 1세에게 내밀었지.

"나라를 다스릴 때 왕께서는 여기 적힌 내용을 꼭 지켜 주십시오."

「권리 청원」은 왕의 권한을 제한하고, 국민들이 누려야 할 권리를 주장한 문서였어. 아무리 왕이라고 해도 의회의 동의를 받지 않고는 세금을 걷을 수 없고, 함부로 국민을 잡아 가둘 수 없으며, 국민들의 권리를 억눌러서는 안 된다는 내용을 담고 있었지.

찰스 1세는 어쩔 수 없이 「권리 청원」을 승인했어. 하지만 속으로는 콧방귀를 뀌었지.

'「권리 청원」이라니, 말도 안 되는 소리! 누가 감히 왕의 권력을 제한하지? 일단은 받아들이는 척하고, 의회를 없애 버릴 거야.'

아니나 다를까, 찰스 1세는 「권리 청원」을 승인한 지 1년 뒤 의회 문을 닫고 11년 동안이나 열지 않았어.

"의회를 열지 않으니까 참 좋구나. 내가 왕이니까 다 내 마음대로 할 거야. 세금도 내 마음대로 걷고, 전쟁도 내 마음대로 벌이고."

찰스 1세는 전보다 더 함부로 권력을 휘두르고, 청교도를 더 심하게 탄압했어. 의회가 열리지 않으니 의원들은 아무것도 할 수 없었거든.

그런데 1639년에 찰스 1세는 갑자기 큰돈이 필요하게 됐어. 스코틀랜드와 전쟁을 해야 했는데, 그동안 걷은 세금만으로는 전쟁에 필요한 돈을 마련할 수 없었거든.

'할 수 없군. 의회를 다시 열어서 전쟁에 필요한 세금을 걷을 수 있게 해 달라고 해야지.'

찰스 1세는 의회를 열었어. 의원들은 이때를 기회로 삼아 또다시 들고일어났지.

"전쟁을 위해 세금을 걷는 걸 찬성할 수 없소."

"그동안 왕이 어떤 잘못을 했는지 낱낱이 일깨워 주고 왕권을 확실하게 억누릅시다!"

의원들은 곧 왕권을 제한하는 법을 만들었어. 3년마다 의회를 열고, 의회의 동의를 받지 않고서는 세금을 걷지 못하며, 국교회를 강요하는 정책도 없앤다는 내용이 담겨 있었지. 한마디로 말해 왕이 독재하는 걸 더는 두고 보지 않겠다는 것이었어.

이쯤 되니 찰스 1세도 가만있지 않았어.

"신에게서 받은 신성한 왕권을 의회가 제한하려 하다니, 더 이상 참을 수 없다. 나를 지지하는 무리들을 모아 의회와 싸워야겠다."

찰스 1세는 국교회를 믿는 귀족과 성직자 등을 모아 '왕당파'를 꾸렸어. 의회 의원들은 여기에 맞서 '의회파'를 만들었지. 의회파는 돈 많은 지주, 농민, 상인, 공장 주인들로 이뤄졌고 대부분 청교도를 믿었어.

왕당파와 의회파는 치열하게 싸웠어. 처음엔 왕당파가 이기는 것 같았지. 하지만 올리버 크롬웰(1599년~1658년)이 강한 군대를 이끌고 나타나면서 의회파가 왕당파를 무찌르기 시작했어. 결국 1649년에 왕당파는 의회파에

무릎을 꿇고 말았단다.

의회파는 한목소리로 외쳤어.

"와아! 우리 의회파가 이겼다! 왕당파를 뿌리째 뽑아 버리자!"

"왕당파의 우두머리 찰스 1세는 국민의 적이다. 나라를 엉망으로 만든 찰스 1세를 없애자!"

의회파는 찰스 1세를 처형했어. 그러곤 왕이 나라를 다스리는 왕정 대신 국민의 대표가 정치를 하는 '공화정'을 펼쳤지. 이 사건을 청교도 혁명이라고 해. 크롬웰이 이끈 의회파가 대부분 청교도였기 때문이야.

△ 찰스 1세를 그린 그림. 신으로부터 권력을 받은 것을 나타낸다.

「권리 장전」을 탄생시킨 명예혁명

청교도 혁명이 끝난 뒤, 의회파의 대표인 올리버 크롬웰이 '호국경'이 되어 영국을 다스리게 되었어. 호국경이란 '나라를 지키는 최고 지도자'라는 뜻이지.

크롬웰은 처음엔 영국을 강한 나라로 만들기 위해 애썼어. 낡아 빠진 관습을 없애는가 하면 종교의 자유를 보장하고 교육에도 힘을 기울였단다.

그러나 얼마 지나지 않아 크롬웰은 찰스 1세 못지않게 권력을 휘두르기 시작했어. 국민들의 권리를 지나치게 제한하며 청교도들처럼 엄격한 생활을 할 것을 강요했거든. 술과 놀이, 도박을 금지하고 일요일엔 극장 문까지 닫게 했지. 또 자신과 생각이 다른 사람은 마구 죽이고 감옥에 가두었단다.

영국 국민들은 크롬웰을 향해 비난을 퍼부었어.

"호국경이 이렇게 국민들의 권리를 맘대로 억눌러도 되나?"

"공화정 아래에서 살다간 숨이 막혀 죽고 말겠어. 차라리 예전의 왕정으로 돌아가는 게 낫겠군."

그러다 크롬웰이 죽고 그 아들이 제2대 호국경이 되었어. 의회 의원들은 크롬웰의 아들을 쫓아내고 찰스 2세를 내세웠지. 찰스 2세는 처형당한 찰스 1세의 아들이었어.

영국은 공화정에서 다시 왕정이 되었어. 하지만 의회 의원들이 찰스 2세를 왕으로 앉힌 데는 속셈이 있었어. 나라의 중요한 일은 의회가 결정하고 찰스 2세는 아무런 힘이 없는 허수아비 왕으로 둘 생각이었거든. 찰스 2세는 왕위에 앉기 전에 이런 맹세까지 했단다.

"나는 종교의 자유를 약속하고, 청교도 혁명을 일으킨 사람들에게 절대로 보복하지 않겠다."

하지만 막상 왕이 되자 찰스 2세의 태도가 완전히 달라졌어. 국교회에 떠밀려 없어졌던 가톨릭교를 되살리려는가 하면 의회를 무시한 채

2. 인간의 권리는 누구도 침범할 수 없다!

권력을 휘두르기 시작했지.

그러는 사이 찰스 2세가 죽고 그의 동생 제임스 2세가 왕이 되었어. 그런데 제임스 2세는 한술 더 떠, 가톨릭교를 강요하면서 청교도들을 탄압하고 더 심하게 권력을 이용했단다. 보다 못한 의회 의원들은 머리를 맞대고 뜻을 모았어.

"제임스 2세를 내쫓고 다른 왕을 내세웁시다. 그래야 국민들의 권리를 보장할 수 있소."

"의회의 뜻을 고분고분 따를 왕을 찾아봅시다."

의회는 제임스 2세의 딸인 메리 2세와 그녀의 남편 윌리엄 3세를 공동 왕으로 세웠어. 메리 2세는 청교도를 믿었기 때문에 아버지와 사이가 좋지 않았거든. 딸과 사위가 공동 왕이 되자 제임스 2세는 프랑스로 줄행랑을 쳐 버렸지.

그런 다음 영국 의회는 1689년에 '국민의 권리와 자유를 선언하고 왕위 계승을 정하는 법률'을 만들었어. 이것이 바로 「권리 장전」이야.

「권리 장전」은 왕의 권한을 제한하는 대신 의회의 권한을 늘리고, 국민들의 권리와 자유를 보장한다는 내용을 담고 있었어. 의회의 동의를 받지 않고는 세금을 마음대로 걷지 못하고, 평화로울 때에는 군대를 유지해서는 안 된다는 내용도 있었지. 또 선거와 언론의 자유를 보장하며, 잔인한 형벌을 금지한다는 조항도 들어 있었어.

이 사건을 일컬어 명예혁명, 또는 무혈 혁명이라고 해. 피를 흘리지 않고 명예롭게 성공시킨 혁명이라는 뜻이지.

영국은 청교도 혁명과 명예혁명을 치르면서 의회를 중심으로 한 정치 제도의 전통을 확실히 마련했어. 이때부터 왕의 권한이 크게 줄어들었고 대신에 의회의 지위가 높아졌단다. 이렇게 해서 입헌 군주제가 시작된 거야.

두 혁명을 치르는 동안 탄생한 「권리 청원」과 「권리 장전」은 인권의 역사를 말할 때 빼놓을 수 없는 아주 중요한 것으로 평가받고 있어.

절대적이었던 왕의 권한, 곧 왕권을 제한하고 자유와 평등에 해당하는 국민의 권리를 요구한 것이었으니까 말이야.

영국의 입헌 군주제

영국 정치는 입헌 군주제의 전통을 오랫동안 유지해 왔어. 입헌 군주제는 왕은 상징적인 의미로만 존재하고, 나랏일은 의회가 법에 따라 결정하는 정치 제도야. '왕은 군림하나 통치하지 않는다.'라는 말로 표현하기도 하지.

지금도 영국 왕은 국가의 으뜸 지도자로, 국민의 사랑과 존경을 받아. 하지만 실질적으로 나라를 다스리는 역할은 의회의 우두머리인 총리가 맡고 있단다.

△ 영국 국회 의사당. 원래 웨스트민스터 궁전이었지만 1500년대부터 국회 의사당으로 쓰이고 있다.

「권리 청원」과 「권리 장전」은 인권이 이 세상에 뿌리내리는 데 씨앗이자 발판의 역할을 한 상징적인 문서라고 할 수 있단다.

귀족들의 권리를 보장한 「마그나 카르타」

「권리 청원」과 「권리 장전」이 나오기 전, 영국에서는 인권과 관련한 또 다른 문서가 만들어졌어. 그것은 바로 1215년에 영국 귀족들이 왕에게 강요해 받은 「마그나 카르타」란다.

당시 영국을 다스리던 존 왕은 무리하게 전쟁을 일으키는 바람에 나랏돈이 줄어들자 세금을 올려 받기로 했어. 필요 없는 전쟁으로 고통받던 사람들은 존 왕이 세금까지 올리려 들자 불만이 폭발했지. 그러자 귀족들이 먼저 행동에 나섰어. 왕의 권한을 제한하는 내용의 문서를 마련해 존 왕에게서 서명을 받은 거야.

「마그나 카르타」는 63개 조항으로 정리되어 있어. '왕은 함부로 세금을 거두어들일 수 없다.', '교회는 왕의 명령을 받지 않는다.', '법에 따르지 않고서는 함부로 사람을 체포하거나 가둘 수 없다.' 등의 내용이지.

「마그나 카르타」는 왕의 권한을 제한하기는 했지만, 모든 국민이 아닌 귀족들의 권리만을 보장했다는 점에서 한계가 있었단다.

왕의 허락을 구한 「권리 청원」

1628년에 탄생한 「권리 청원」은 왕이 함부로 권력을 휘두르는 것을 막고, 국민들의 기본적인 권리를 보장하기 위해 영국 의회 의원들이 작성한 문서야.

의원들은 처음엔 「권리 청원」에 담긴 내용을 법으로 만들려고 했어. 하지만 그렇게 하면 왕이 반발할 수도 있을 것 같은 데다, 의원 중에도 반대하는 이들이 있었지.

그러자 법률학자였던 의원이 좋은 생각을 내놓았어.

"법으로 만들지 말고, 왕에게 청원하는 형태로 합시다. 그리고 이게

△ 「권리 청원」

새로운 내용이 아니라 「마그나 카르타」에도 있는 걸 다시 확인하는 거라고 강조하는 거요. 그래서 왕이 청원을 받아들이는 모양새가 되면 왕으로서는 체면을 구기지 않아도 되고 우리 의회도 목적을 달성할 수 있으니 서로 좋지 않소?"

'청원'이란 '국민이 국가나 정부에 대해 불만이나 희망하는 것을 들어 달라고 부탁하는 것'을 뜻하거든. 그래서 의원들은 자신들의 뜻을 담은 문서에 청원이라는 이름을 붙여 왕에게 제출하고 승인해 달라고 했어.

이 때문에 「권리 청원」의 본문 앞에는 '의회가 국민의 모든 자유와 권리에 관해 국왕 폐하에게 바치고, 이에 대해 폐하께서 의회 전체에 답하신 청원'이란 설명이 붙어 있어. 또 본문 끝에는 '왕은 이 왕국의 법률과 관습에 따라 정의가 이뤄지기를 바란다.'라는 찰스 2세의 답신이 들어 있단다.

「권리 청원」의 중요한 내용은 다음과 같아.

- 의회의 동의를 받지 않고는 어떠한 세금이나 헌금도 걷을 수 없다.
- 법에 따르지 않고서는 그 누구도 체포하거나 가두지 않는다.
- 군대의 병사들은 일반 국민의 집에 묵을 수 없다.
- 국민들을 군법에 따라 재판하지 않는다.
- 국민들의 종교·신체·언론의 자유 등을 보장한다.

법률로 인정받은 「권리 장전」

「권리 청원」은 왕에게 허락을 얻은 문서라고 했지? 이에 반해, 명예혁명을 치르는 과정에서 나온 「권리 장전」은 단순한 문서가 아니라 법률이란다.

영국 의회는 메리 2세와 윌리엄 3세를 공동 왕으로 세운 뒤, 권리에 대한 문서를 만들어 제출하고 법률로 인정해 달라고 주장했어.

그 결과 1689년에 '국민의 권리와 자유를 선언하고 왕위 계승을 정하는 법률'이란 이름의 법을 만들었지. 바로 「권리 장전」이야.

△ 「권리 장전」을 받아들이는 메리 2세와 윌리엄 3세를 그린 그림

「권리 장전」의 첫머리에는 제임스 2세가 법을 어기며 잘못한 점이 낱낱이 밝혀져 있어.

그런 다음 반드시 보장되어야 하는 국민들의 권리와 자유를 아래와 같이 적어 놓았지.

- 의회의 동의를 얻지 않고는 세금을 마음대로 걷지 못하며 법도 함부로 만들지 못한다.
- 의회는 정기적으로 열어야 한다.
- 평화로운 시기에는 군대를 설치하지 못한다.
- 왕에게 청원하는 것은 국민의 권리이다.
- 선거와 언론의 자유를 보장한다.
- 너무 무거운 벌금을 물리거나 잔인한 형벌을 내리는 것을 금지한다.

「권리 장전」을 바탕으로 영국 의회는 국민들의 권리를 보장하는 정치를 펼칠 수 있었어. 또 「권리 장전」은 훗날 미국 독립 혁명과 프랑스 혁명에 큰 영향을 주었지.

그뿐만이 아니라 오늘날에는 '권리 장전'이 인권을 보장하는 헌법 조항을 뜻하는 말로 쓰인단다. 우리나라 헌법이나 미국 헌법 등에 있는 국민의 권리에 관한 조항도 '권리 장전'이라고 해.

 인물 돋보기

존 로크, 명예혁명의 정당성을 밝히다!

'왕이 신으로부터 권력을 받았다니, 무슨 터무니없는 소리야. 왕은 국민으로부터 권력을 넘겨받은 것뿐이야. 국가는 국민의 생명, 자유, 재산을 보호해야 할 책임과 의무가 있어.'

영국의 철학자 존 로크(1632년~1704년)는 왕권에 휘둘려 고통받는 사람들을 보며 이런 생각을 했어. 그래서 1679년 겨울부터 자신의 생각을 정리하는 글을 쓰기 시작했지. 그러고는 명예혁명이 일어난 바로 다음 해인 1689년에 『통치론』을 펴냈단다.

로크는 어린 시절에 청교도 혁명을 겪으며, 변호사였던 아버지가 의회파 쪽에 서서 왕당파와 싸우는 모습을 지켜봤어. 그러면서 자연스레 왕이 절대적인 권력을 가지고 나라를 다스리는 것이 잘못된 일이라 생각하게 된 거야.

그 후 로크는 대학에서 철학을 전공하고 의학을 공부해 의사 자격증까지 땄어. 의사로 일하던 중 알게 된 정치가를 돕다가 정치를 시작하게 됐지. 그는 정치가, 법률가, 철학자들과 토론을 하는 과정에서 자신의 생각을 정리하고 발전시켜 나갔단다.

『통치론』에서 로크는 자연권과 국가가 존재하는 이유를 밝혔어.

먼저 로크는 사람은 자연 상태에서 누구나 자유롭고 평등하고 평화롭다고 했어. 그것은 태어날 때부터 기본적인 권리, 즉 자연권을 갖고 있기 때문이라는 거야.

또 자연권을 크게 생명권, 자유권, 재산권 등 세 가지로 나눠 설명했지. 이 가운데 생명권은 자연 상태에서 자신을 지켜 나갈 수 있는 권리를 뜻해. 또 자유권은 남의 간섭을 받지 않고 마음대로 살아갈 권리이며, 재산권은 재산을 가질 권리를 의미한단다.

로크는 사람들이 이런 자연 상태에서 권리를 누리다가 국가를 이루게 된다고 했어. 그 이유는 자연권을 좀 더 확실히 보장받기 위해서라는 거야. 자연 상태에서 누리는 자유와 권리는 불확실한 데다 남에게 침해를 당할 수 있기 때문에 그걸 지키기 위해 국가를 필요로 하게 됐다는 얘기야. 또한 국민들이 자신들을 지켜 달라는 뜻에서 국가와 정부에게 권력을 맡겼다는 거지.

로크는 국가나 정부는 국민을 위해 존재하고, 국민들의 생명권·자유권·재산권을 지킬 책임과 의무가 있다고 주장했어. 또 국민들로부터 권력을 넘겨받았을 뿐이므로 권력을 함부로 휘둘러서는 안 된다고 했지. 나아가 국가나 정부가 권력을 함부로 쓰거나 책임과 의무를 다하지 못할 때는 국민들은 그 국가와 정부를 없애거나 바꿀 권리가 있다고도 했어. 즉 새로운 국가, 새로운 정부를 세울 수 있다는 거야.

이런 내용을 담은 까닭에 로크의 『통치론』은 명예혁명의 정당성을 뒷받침하는 이론적 바탕이 됐단다.

- 3 -

식민지에서 독립국으로!
미국의 독립 혁명

1600년대 중반 영국 사람들은 돈과 종교의 자유를 찾아 북아메리카 대륙으로 갔어. 영국은 북아메리카 대륙에 13개의 식민지를 두었지.

영국과 북아메리카 식민지는 처음엔 사이가 좋았지만 세금 문제를 놓고 부딪치다가 전쟁을 벌이게 되었어. 그게 바로 1775년에 일어난 독립 전쟁이야. 이 전쟁에서 북아메리카 식민지는 승리를 거두었고, 1776년에 영국으로부터 독립한 뒤 '미국'이라는 나라를 세웠어. 이 과정을 통틀어서 '미국 독립 혁명'이라고 해.

독립 혁명을 치르는 동안 식민지 독립군은 「독립 선언서」를 발표했어. 영국으로부터 독립을 원하는 이유를 밝히고 자유와 평등, 인권에 대한 요구를 담은 내용이었지.

'인권을 향한 첫걸음'이라고 일컬어지는 미국 독립 혁명과 「독립 선언서」에 대해 자세히 알아보자.

우리는 영국의 지배를 거부한다!

북아메리카 대륙으로!

"북아메리카에 돈 벌 거리가 많다고 하던데요, 우리도 북아메리카로 떠납시다."

"좋은 생각이오. 새 땅에서 새 삶을 꾸려 잘살아 봅시다."

콜럼버스가 아메리카 대륙에 발을 내딛은 뒤, 유럽 사람들에겐 그곳이 '기회와 행운의 땅'으로 알려졌어. 그래서 저마다 꿈을 가지고 북아메리카 대륙으로 건너갔지.

1620년 9월, 영국 청교도 102명이 북아메리카 대륙으로 가는 '메이플라워호'에 올라탔어. 영국 왕이 국교회를 믿으라고 강요하면서 청교도들을 억눌렀기 때문이야.

"이렇게 탄압을 받으면서 영국에서 계속 살 수는 없어요."

"그래요. 북아메리카로 가서 종교의 자유를 찾자고요!"

영국 청교도들은 그해 12월 북아메리카 동쪽 바닷가에 도착했어. 하지만 먹을 것이 부족한 데다 추위와 전염병까지 겹치는 바람에 겨울을 나는 동안 절반이 죽고 말았단다.

살아남은 사람들은 원주민들로부터 옥수수와 담배 재배법, 통나무집 짓는 법 등을 배우며 차차 새 보금자리에 적응해 갔지.

그 후 영국뿐만 아니라 프랑스, 네덜란드, 에스파냐 등 유럽의 많은 사람들이 북아메리카 대륙으로 갔어. 돈과 일자리를 찾아서, 또는 모험심에 부풀어서 말이야.

그러자 유럽의 여러 나라들은 서로 이 땅을 차지하려고 했어. 그 과정 끝에 영국이 북아메리카를 식민지로 삼게 됐지. 영국은 북아메리카 대륙에 13개의 식민지를 개척했어.

식민지의 인구는 계속 늘어났어. 먹고살기가 꽤 괜찮았던 데다, 종교의 자유도 맘껏 누릴 수 있었으니까 말이야. 또 일꾼이 필요하면 아프리카에서 흑인 노예들을 사다 쓰면 되니까 걱정할 게 없었지.

북아메리카 식민지 사람들은 대표자를 뽑아 의회를 구성해 자유롭고 평등한 사회를 만들어 나갔어. 영국도 총독*을 임명하는 것 말고는 북아메리카 식민지 일에 그다지 간섭하지 않았어.

그런데 1760년대부터 영국과 식민지 사이가 틀어지기 시작했어. 영국 정부가 식민지로부터 세금을 많이 걷기로 한 뒤부터였지.

그즈음 영국은 프랑스와 전쟁을 치르느라 나랏돈이 많이 부족했는데, 그걸 북아메리카

*총독 식민지를 다스리는 으뜸 관리

△ 영국인들이 북아메리카를 식민지로 만든 뒤 원주민을 괴롭히는 모습을 그린 그림. 홍차를 억지로 먹이고 있다.

식민지에서 세금을 걷어 메우려 했거든. 설탕, 포도주, 종이, 홍차 등 영국에서 북아메리카 식민지로 들어가는 물품은 물론이고 모든 문서와 신문에까지 세금을 매겼단다.

북아메리카 식민지 사람들은 강하게 반발했어. 갑자기 세금을 많이 내야 하니 사는 게 힘들어졌거든. 물가도 치솟고 말이야.

"식민지 대표들은 영국 의회에 참여하지도 못하는데, 왜 우리가 세금을 내야 하나?"

"대표 없는 곳에 세금도 없다. 우리는 영국 의회가 멋대로 물린 세금을 낼 수 없다!"

북아메리카 식민지 사람들은 이렇게 주장했지.

결국 북아메리카 식민지 사람들은 영국 물건을 수입하는 것을 거부했어. 아예 영국 물건을 사지 않는 운동도 펼쳤지.

영국 의회는 할 수 없이 한 발 뒤로 물러섰어. 그러곤 식민지로 들어가는 온갖 물건에 세금을 물리는 방침을 없애고 대신 홍차에만 세금을 물게 했단다.

그런데 문제는 계속됐어. 영국 의회가 홍차를 도맡아 팔 수 있는 권리를 '동인도 회사'라는 곳에만 주었거든. 동인도 회사는 인도를 비롯한 동아시아와 무역을 하기 위해 영국이 세운 회사였지.

이게 또 북아메리카 식민지 사람들을 분노하게 했어. 그들도 홍차 무역을 해서 돈을 벌고 있었는데, 그걸 못하게 됐거든. 또 동인도 회사에서 파는 홍차만 사야 하니 분통이 터질 노릇이었지.

참다못한 북아메리카 식민지 사람들은 1773년 12월 16일, '보스턴 차 사

건'을 일으켰어. 보스턴 항구에 머물고 있던 동인도 회사의 배에 쳐들어가 안에 실려 있던 홍차 상자를 몽땅 바다로 던져 버린 거야.

그러자 영국은 더 심하게 북아메리카 식민지를 억누르기 시작했어. 보스턴 항구를 닫고, 식민지 사람들 스스로 나라를 다스릴 수 있는 권리까지 정지시켰지.

독립 혁명과 미국의 탄생

식민지 대표들은 1774년 필라델피아에 모여 '대륙 회의'를 열고 영국 왕에게 항의하는 진정서를 보냈어. 하지만 영국 정부는 눈 하나 깜짝하지 않았지.

그러던 중 영국군과 식민지 사람들이 충돌하는 일이 벌어졌어. 식민지 대표들은 1775년 조지 워싱턴을 총사령관으로 내세우고 영국군과 맞서 싸울 독립군을 꾸렸지. 이렇게 해서 독립 전쟁이 시작되었단다.

처음엔 독립군이 영국군에 밀렸어. 영국군은 병사 수가 많고 무기도 훌륭했거든. 이에 비해 독립군은 병사도 적고 무기도 형편없었지.

그런데 토머스 페인이 펴낸 『상식』이 식민지 사람들과 독립군에게 용기를 듬뿍 북돋웠어.

"영국이 식민지에 적용한 제도는 모든 사람이 평등하다는 상식에 어긋납니다. 이것이 바로 북아메리카 식민지가 영국으로부터 독립해서 새로운 정부를 세워야 하는 이유입니다."

페인은 『상식』을 통해 이렇게 주장했어. 식민지 사람들은 너도나도 이 책을 읽으며 독립에 대한 의지를 키워 나갔지. 워싱턴이 이끄는 독립군도 한층 힘을 얻었어.

식민지 대표들은 1776년 7월 4일, 「독립 선언서」를 발표하고 영국으로부터 독립을 선언했어.

「독립 선언서」에는 식민지가 영국으로부터 독립해야 하는 이유와 함께, 모든 사람은 평등하며 신이 사람에게 내려 준 생명과 자유를 지키고, 행복을 찾을 권리가 있다는 내용이 담겨 있었어.

아울러 이런 권리를 지킬 목적으로

△「독립 선언서」 초안

국민들은 정부를 만들었는데, 그 목적을 정부가 파괴한다면 국민들은 언제든지 그 정부를 바꾸거나 새 정부를 세울 수 있다고까지 했지. 이는 바로 정부에 대해 저항할 수 있는 권리, 곧 저항권을 뜻하는 거였어.

명예혁명을 이룬 영국 사람들의 후손이었던 만큼, 북아메리카 식민지 사람들의 의식도 또렷이 깨어 있었던 거야.

독립군은 온 힘을 다해 영국군과 싸웠어. 영국의 힘을 약하게 하려고 프랑스와 에스파냐가 군대를 보내 준 덕분에 상황이 더 유리해졌지.

결국 독립군은 1782년에 승리를 거두었고, 13개 식민지는 1783년에 독립을 이뤘어. 이곳들이 각각 하나의 '주(state)'가 되었고, 13개 주를 합쳐 하나의 나라를 만들었지. 그게 바로 미국이란다.

미국을 공식적으론 'United States of America', 줄여서 'U.S.A'라고 하고, 우리말로는 '아메리카 합중국'이라고 하는데, 이는 '여러 개의 주가 모여 이룬 나라'라는 뜻이야.

독립을 이룬 미국은 헌법을 만들고 첫 대통령으로 조지 워싱턴을 뽑았어.

미국 헌법에는 인권을 보장하는 중요한 내용들이 담겨 있단다.

　이렇게 북아메리카 식민지 13개 주가 영국의 지배로부터 벗어나 미국을 세운 과정을 '미국 독립 혁명'이라고 해.

　미국 독립 혁명은 미국을 탄생시켰다는 점에서도 중요하지만, 세계 인권 역사의 첫걸음이 된 중요한 사건이야. 독립 혁명 도중에 발표한 「독립 선언서」에 인권에 대한 구체적인 내용이 담겼을 뿐더러, 그 후 일어난 프랑스 혁명에도 큰 영향을 끼쳤기 때문이지.

자유를 상징하는 자유의 여신상

　미국 뉴욕에는 '자유의 여신상'이 우뚝 서 있어. 왼손에는 「독립 선언서」를, 오른손에는 횃불을 들고 있지. 이 여신상의 원래 이름은 '세계를 비치는 자유(Liberty Enlightening the World)'인데, 미국 독립 100주년을 기념해 프랑스가 우정의 표시로 선물한 거래. 자유의 여신상은 미국의 독립을 기념하여 만들어졌다는 점에서 자유, 민주주의, 인권 등을 상징한다고 여겨져. 1984년에는 유네스코 세계 문화유산으로도 선정되었단다.

깊이 읽기

오늘날 미국의 시작, 「독립 선언서」

> 모든 사람은 평등하게 태어났으며, 신은 누구도 빼앗을 수 없고 넘겨줄 수도 없는 권리를 주었다. 생명과 자유와 행복을 추구할 권리가 여기에 포함된다.
>
> 이러한 권리를 지키기 위하여 국민은 정부를 만들었고, 정부의 정당한 권력은 국민들의 동의로부터 나온다. 정부가 이러한 목적을 파괴한다면 국민은 언제든지 정부를 바꾸거나 없애고, 안전과 행복을 지켜 줄 수 있는 새 정부를 세울 권리가 있다.

1776년 7월 4일 북아메리카 식민지 대표들이 발표한 「독립 선언서」의 첫 부분에는 위와 같은 문장이 있어. 앞에서 살펴본 인권의 네 가지 특성 중 세 가지가 나타나 있지.

'모든 사람은 평등하게 태어났다.'라는 표현은 인권의 보편성을, '신은 누구도 빼앗을 수 없고 넘겨줄 수도 없는 권리를 주었다.'는 인권의 천부성과 불가침성을 뜻하거든.

또한 '생명과 자유와 행복을 추구할 권리가 여기에 포함된다.'라고 함으로써 인권의 기본이 되는 생명권, 자유권, 행복권을 명시하고 있어.

특히 중요한 것은 정부에 대한 국민들의 저항권까지 명확히 했다는 거야. '정부가 이러한 목적을 파괴한다면 국민은 언제든지 정부를 바꾸거나 없애고, 안전과 행복을 가장 잘 지켜 줄 수 있는 새 정부를 세울 권리가 있다.'라는 문장이 바로 그것이지. 이는 나가가 '한 국가의 주권은 국민에게 있다.'는 민주주의의 기본 원리를 뜻하기도 한단다.

한편 미국 「독립 선언서」는 그동안 영국 왕이 저질러 온 횡포를 지적하면서 식민지가 영국으로부터 독립해야 하는 이유까지 낱낱이 밝혔어. 그 내용을 간추리면 아래와 같아.

> 영국 왕은 평화로운 때에도 우리의 동의 없이 군대를 식민지에 머물게 하고, 군인이 식민지 주민을 살해해도 제대로 처벌하지 않았다. 또 식민지가 무역을 하지 못하게 막고, 동의 없이 세금을 물리었으며, 공정한 재판을 받을 수 있는 기회와 권리를 빼앗았다. 더구나 영국 왕은 식민지를 보호하지 않겠다고 선언하고 전쟁을 벌임으로써, 식민지에 대한 통치권을 스스로 잃었다.
>
> 이에 우리는 선량한 식민지 주민의 권의를 빌려 엄숙히 선언한다. 식민지 13개 주는 자유롭고 독립된 존재로서 영국 왕에게 충성을 바치는 모든 의무로부터 벗어나며, 완전히 독립된 권한을 갖는다.

어때, 참으로 당당하고 멋지지?

미국 「독립 선언서」는 독립 전쟁을 치르는 동안 식민지 버지니아 주가 발표한 「버지니아 권리 장전」과 많은 부분이 비슷해. 두 번째 대륙 회의 때 버지니아 대표로 참석했고, 미국의 세 번째 대통령이 된 토머스 제퍼슨이 초안을 썼기 때문이지.

미국 「독립 선언서」는 미국 역사는 물론, 세계 역사에서 아주 중요하게 평가받는 문서야. 13개 식민지가 영국의 지배로부터 벗어나 독립하는 것을 널리 알렸을 뿐더러, 인권에서 매우 중요하게 여기는 내용을 담았기 때문이란다.

△ 미국의 독립 선언을 기리기 위한 그림으로, 의원들이 의장에게 「독립 선언서」를 제출하고 있다.

노예 무역과 노예 제도 폐지

앞에서 노예 제도의 역사와 함께 대서양 노예 무역에 대해서 살펴본 거 기억나지? 1700년대 후반부터 유럽과 미국에서 노예 제도와 노예 무역을 없애려는 움직임이 나타났어. 노예 제도와 노예 무역이 지나치게 비인간적이며, 인권을 해친다는 생각을 하게 되었기 때문이야.

그래서 1802년 덴마크가 노예 무역을 법으로 금지한 것을 시작으로 영국, 프랑스, 미국이 차례로 노예 무역을 금지했어. 영국은 1833년에 노예 제도 자체를 없애 버렸지. 그러자 다른 나라들도 잇달아 노예 제도를 없앴단다. 특히 미국은 1861년부터 1865년까지 남부와 북부가 맞서서 전쟁을 벌인 끝에야 노예 제도가 사라졌어.

미국 남부는 노예 제도를 유지하려고 했고 북부는 없애려고 했는데, 남북 전쟁에서 북부가 이기면서 노예 제도가 폐지된 거야. 특히 미국 제16대 대통령인 에이브러햄 링컨은 남북 전쟁이 한창이던 1863년에 노예 해방을 선언해, 남북 전쟁을 북부의 승리로 이끌고 노예 제도를 없애는 데 크게 이바지했단다.

◁ 노예 제도를 없애기 위해 싸운 링컨

『상식』을 통해 독립심에 불을 지핀 토머스 페인

"이보게, 페인이 쓴 『상식』 읽어 봤나? 대체 무슨 내용인가?"

"아, 그 유명한 책 말이지? 그걸 읽으면 영국으로부터 얼른 독립해야겠다는 생각이 든다네. 자네도 꼭 읽어 보게."

독립 전쟁이 한창이던 1776년 초, 북아메리카 식민지 사람들은 모였다 하면 이런 얘기를 했어.

그런데 사실, 북아메리카 식민지 사람들이 처음부터 독립을 생각한 것은 아니야. 그저 부당하게 내야 하는 세금 문제를 해결하고, 영국으로부터 자치권을 인정받는 것 정도를 원했지. 그런데 1776년 토머스 페인(1737년~1809년)이 『상식』을 펴내면서 사정이 달라졌어. 책 속에 담긴 내용이 식민지 사람들의 독립심에 불을 지폈기 때문이야.

페인은 이 책에서 북아메리카 식민지가 영국으로부터 독립해야 하는 것은 '지극히 상식적인 진실'이라고 강조했어. 영국은 왕 중심의 특권층을 인정하는 군주제 국가라서, 모든 사람은 평등하다는 상식에 어긋나는 나라이기 때문이라는 거야. 또 북아메리카처럼 큰 대륙이 작은 섬나라인 영국의 통치를 받는 것도 우스운 일이라고 했지. 그래서 북아메리카 식민지가 영국으로부터 갈라져 나와 새 정부를 만들어야 한다고 주장했단다.

특히 페인은 '영국에는 그동안 훌륭한 왕들이 몇몇 있기는 했지만 나쁜 왕들이 훨씬 더 많았다.'면서, 영국 왕은 전쟁을 일으키고 왕족과 귀족들에게 관직을 주는 것 말고는 한 일이 없다고 낮추어 말했어. 또 '이런 왕들보다는, 정직하고 선량한 보통 사람 한 명이 사회와 신 앞에 더 가치가 있다.'라고까지 했단다.

이런 내용을 담은 까닭에 『상식』은 나오자마자 식민지 사람들에게 엄청난 인기를 끌었어. 1년 만에 50만 부가 팔려 나갔을 정도라고 하니, 정말 대단하지?

페인은 가난한 집안에서 태어나 학교도 제대로 마치지 못했어. 그래서 선원, 교사, 세금 관리원 등 여러 직업을 전전하며 안정적인 생활을 하지 못했단다.

그러던 페인은 새 삶을 찾아 북아메리카 대륙으로 건너가 잡지 기자로 일했어. 주로 노예 제도와 노예 무역을 비판하는 등 정의와 인권에 대한 글을 썼지. 1775년 영국군과 식민지 사람들이 충돌하는 것을 본 뒤에는, 독립의 필요성을 깨닫고 『상식』을 펴냈어.

그런데 『상식』의 인기와는 반대로 페인의 삶은 순조롭지 않았어. 그는 『상식』 말고도 여러 권의 책을 펴냈는데, 그 당시로서는 받아들이기 힘든 과격한 주장이 꽤 있어서 권력자들의 눈 밖에 나고 말았거든.

결국 페인은 영국, 미국 등 어느 곳에서도 환영받지 못하다가 쓸쓸히 죽음을 맞았다고 해.

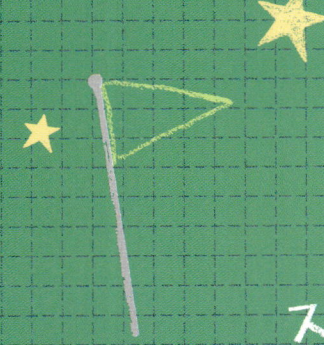

-4-
자유와 평등을 외치다
프랑스 혁명

  1789년, 프랑스에서도 혁명이 일어났어. 무거운 세금과 신분 차별에 시달리던 파리 시민들이 평등과 자유를 외치며 들고일어났던 거야.
  혁명의 불길은 곧 프랑스 전체로 퍼졌고, 프랑스에서 가장 신분이 낮았던 제3신분의 대표들로 이뤄진 국민 의회는 「인간과 시민의 권리 선언」을 발표했지. 이것을 줄여서 「프랑스 인권 선언」이라고 해.
  「프랑스 인권 선언」은 1948년에 선포된 「세계 인권 선언」의 바탕이 됐을 만큼 인권 발전에 크게 이바지했단다. 프랑스 혁명과 「프랑스 인권 선언」에 대해 자세히 알아보자.

인간과 시민의 권리를 선언하다!

시민들, 혁명을 일으키다

 1789년 7월 14일, 프랑스 파리의 바스티유 감옥 앞에 성난 시민들이 가득 몰려왔어.

 "우리는 세금 내는 기계가 아니다. 왕과 귀족들이 저지르는 횡포를 더는 두고 볼 수 없다!"

 "우리도 평등한 대우를 받으며 자유롭게 살고 싶다!"

 시민들은 이렇게 외치며 바스티유 감옥을 부수고, 무기를 꺼내 들었어. 그러고는 왕을 비판하다 감옥에 갇힌 사람들을 풀어 주고 파리 시내를 행

진했지. 프랑스 혁명은 이렇게 막이 올랐어.

파리 시민들이 혁명을 일으킨 데는 그만한 까닭이 있었어. 그때 프랑스는 신분에 따라 사람을 차별하는 신분 사회였어. 가장 높은 제1신분은 성직자이고 제2신분은 귀족이었는데, 두 신분을 합쳐 봤자 전체 인구의 2%밖에 되지 않았지. 또 가장 낮은 제3신분은 농민, 노동자, 상인, 수공업자 등 대다수의 평민으로 채워졌단다.

전체 인구의 2% 정도밖에 되지 않는 성직자와 귀족은 프랑스 땅의 절반 이상을 차지하고 있는 부자인데도 세금을 한 푼도 내지 않았어. 대체로 가난했던 제3신분 사람들은 무거운 세금 때문에 힘겨워 했는데 말이야.

이런 상황에서 프랑스의 나랏돈이 바닥나 버렸어. 왕이었던 루이 16세와 왕비 마리 앙투아네트가 사치스러운 생활을 한 데다, 북아메리카 독립 전쟁 때 독립군을 돕는다는 이유로 군대를 보내는 등 돈을 너무 많이 썼기 때문이야.

루이 16세는 세금을 더 걷어서 구멍 난 나라 살림을 메우려 했어. 특히 그동안 세금을 내지 않았던 제2신분 귀족에게도 세금을 거두겠다고 했지. 귀족들은 당연히 발끈하면서 반발했어.

루이 16세는 세 신분 대표들이 참여하는 '삼부회'를 열어 이 문제를 투표로 해결하려 했어. 그런데 투표를 하는 방식이 공정하지 않아 제3신분이 많은 세금을 물어야 할 지경에 놓이고 말았지. 제3신분 대표들은 투표 방식을 공정하게 바로잡아 달라고 했지만 루이 16세는 꿈쩍도 하지 않았어. 그러자 제3신분 대표들은 삼부회가 열린 장소인 베르사유 궁전 테니스 코트에 모여 목소리를 높였지.

"우리의 자유와 평등을 보장하는 헌법을 만들어라! 그 전까지는 절대로 물러서지 않겠다!"

이 일을 '테니스 코트의 서약', 혹은 '테니스 코트의 선서'라고 해.

루이 16세는 베르사유로 군대를 보냈어. 파리 시내에는 왕의 군대가 시민들을 마구 죽일 거라는 소문이 눈덩이처럼 퍼져 나갔지. 안 그래도 먹고살기 힘들었던 시민들은 그만 분노가 폭발하고 말았어. 그래서 바스티유 감옥 앞으로 몰려갔고, 프랑스 혁명이 일어나게 된 거야.

그런데 프랑스 혁명이 일어난 데는 미국 독립 혁명의 영향도 있었어. 그때 프랑스 사람들은 북아메리카 식민지가 영국에 맞서 독립 전쟁을 일으켰고 그 결과 자유롭고 평등한 나라인 미국을 세웠다는 걸 잘 알고 있었어.

'우리도 미국 사람들처럼 자유와 평등을 누리며 살아 봤으면.'

△ 테니스 코트의 서약 당시 모습을 그린 그림

'왕과 정부가 잘못을 했을 때는 참지만 말고 맞서 싸우는 것도 한 방법이겠다.'

프랑스 사람들은 이렇게 생각했어. 그 무렵 프랑스 철학자 루소가 쓴 『사회 계약론』이란 책도 혁명 정신을 자극했지. 루소는 『사회 계약론』에서 나라를 다스리는 주권은 국민에게 있고, 법은 국민들의 뜻에 따라 만들어야 하며, 법 앞에선 모두가 평등하다고 주장했단다.

이런 생각은 절대적인 권력을 누리는 왕과 귀족들에게 시달려 온 프랑스 사람들에게 새로운 깨우침을 주기에 충분했어.

파리에서 혁명이 일어났다는 소식은 곧 프랑스 전체로 퍼져 나갔고, 여기저기에서 혁명에 참여하는 이들이 늘어났어. 특히 억압받으면서도 꾹 참고 살아온 농민들이 귀족의 성을 습격하는 등 적극적으로 혁명에 참여했지.

이에 힘입어 1789년 8월, 국민 의회는 「프랑스 인권 선언」을 발표했어. 모든 인간은 자유롭고 평등한 권리를 지니고 태어났고, 나라의 주권은 국민에게 있다는 내용이었지. 그동안 프랑스를 유지해 온 신분 제도를 뒤집어엎는 것일뿐더러, 인권과 민주주의의 기본 원리를 강조한 것이었어. 루이 16세는 이 핑계 저 핑계를 대며 「프랑스 인권 선언」을 받아들이지 않았어. 모두 다 자신한테 불리한 내용이었으니까 말이야.

그러자 1789년 10월, 7천 명 남짓한 파리 여성들이 막대기와 돌멩이, 도끼와 창 따위를 손에 들고 파리 시청 앞에 모였어. 그러곤 먼 길을 힘차게 행진해 왕과 왕비가 있는 베르사유 궁전으로 갔지. 궁전에 다다르자 사람들은 한목소리로 외쳤어.

"우리에게 빵을 달라! 배가 고파서 살 수가 없다!"

"국민 의회에서 발표한 「프랑스 인권 선언」을 승인하라!"

루이 16세는 왕비와 함께 파리로 끌려와 겁에 질린 채 「프랑스 인권 선언」을 승인했어. 그 뒤 국민 의회는 헌법을 만들고, 왕은 허수아비로 둔 채 나라를 이끌어 갔지.

그런데 1791년 6월, 루이 16세가 왕비 마리 앙투아네트의 나라인 오스트리아로 도망치려다 붙잡히는 일이 일어났어. 때마침 오스트리아와 프로이센, 영국 등 이웃 나라들이 연합군을 만들어 프랑스를 공격해 왔지. 혁명의 불길이 자기 나라로 번질까 두려웠던 이웃 나라 왕들이 힘을 합쳤던 거야.

프랑스 젊은이들은 속속 군대에 모여들어 연합군에 맞서 싸웠어. 애써서 얻은 자유와 평등을 잃고 싶지 않았기 때문이야.

한편 이 과정에서 국민 의회 대신 혁명 정부가 세워졌어. 혁명 정부는 1793년에 루이 16세를 단두대에서 처형하고 왕이 없는 공화정을 세웠어. 단두대는 프랑스 혁명 때 만들어진 것으로, 목을 베어 사람을 처형하는 도구였지.

혁명 정부는 왕과 왕비를 비롯한 권력자는 물론 혁명에 반대하는 이들을 잡아들여 목을 베었어. 프랑스 사람들은 이제 혁명 정부가 휘두르는 공포 정치에 벌벌 떨어야 했지.

이렇게 안팎으로 나라가 혼란스러운 가운데, 나폴레옹이 연합군을 잇달아 물리치고 권력을 잡았어. 그러곤 1804년에 국민 투표를 통해 황제가 되었지. 나폴레옹은 유럽 여러 나라와 전쟁을 해서 영국과 러시아를 뺀 유럽 대부분을 정복했단다.

하지만 러시아를 공격하려다가 패하고, 영국을 비롯한 여러 나라가 합친 연합군에게도 지면서 나폴레옹은 먼 섬으로 보내졌고, 끝내 그곳에서 죽고 말았어.

이렇게 해서 프랑스 혁명은 나폴레옹의 죽음과 함께 막을 내렸고, 프랑스는 다시 왕이 다스리는 나라가 되었어. 루이 16세의 동생인 루이 18세가 왕위에 올랐지.

그렇지만 루이 18세는 프랑스 혁명 전의 왕들처럼 마음대로 권력을 휘두를 수는 없었어. 왕의 권한은 제한되고 시민의 권리가 한층 보장됐기 때문이지.

프랑스 혁명은 왕과 귀족을 중심으로 한 유럽의 낡은 신분 질서를 무너뜨린 역사적인 사건이었어.

4. 자유와 평등을 외치다

자유·평등·박애*의 정신을 널리 알리며 힘을 모으면 세상을 바꿀 수 있다는 사실을 일깨웠지. 이 생각들은 훗날 민주주의의 원리를 세우는 데도 크게 도움을 주었단다.

참, 프랑스 국기는 세 가지 색으로 이루어져 있는데 그중 파랑은 자유, 하양은 평등, 빨강은 박애를 상징한단다.

*박애 모든 사람을 평등하게 사랑함

여성의 권리를 선언한 올랭프 드 구즈

프랑스 혁명이 진행되는 동안 국민 의회는 「프랑스 인권 선언」을 통해 자유와 평등을 강조했어. 하지만 여기서 말하는 '인간'은 사실 남성만이었고 여성은 해당되지 않았어. 엄밀히 따져 말한다면 「프랑스 인권 선언」은 '프랑스 남성권 선언'이었던 셈이야.

그러자 여성 작가 올랭프 드 구즈(1748년~1793년)는 「여성과 여성 시민의 권리 선언」을 발표했어. 「프랑스 인권 선언」, 즉 「인간과 시민의 권리 선언」에 빗대어 쓴 이 선언문에서 구즈는 여성도 남성과 평등하게 모든 권리를 보장받고, 어떠한 차별도 받지 않아야 한다고 주장했지. 특히 '여성이 남성과 마찬가지로 단두대에서 처형당할 수 있듯이, 의회에서 연설할 권리도 똑같이 가져야 한다.'고 했단다. 하지만 구즈는 여성으로서 지녀야 할 덕성을 잃어버렸다는 죄로 1793년에 단두대에서 처형당하고 말았어.

깊이 읽기

자유·평등·박애의 정신이 깃든 「프랑스 인권 선언」

「프랑스 인권 선언」은 전문과 17개 조항으로 이뤄져 있어. 이 가운데 중요한 조항을 골라 살펴볼까?

1조 인간은 자유롭고 평등한 권리를 지니고 태어나서 살아간다. 사회적 차별은 오로지 공공의 이익에 바탕을 둘 때에만 허용된다.

2조 모든 국가(정부)는 인간이 자연적으로 지닌 권리를 지키기 위해 존재하며, 그 권리란 자유권과 재산권, 신체 안전에 대한 권리, 억압에 대한 저항권이다.

3조 모든 주권의 원리는 국민에게 있다.

5조 법은 사회에 해로운 행위만 금지할 수 있으며, 법으로 금지되지 않은 행위는 막을 수 없다.

6조 모든 시민은 직접 또는 대표자를 통해 법 제정에 참여할 권리가 있다.

7조 법에 따르지 않고서는 누구도 고소를 당하거나 체포, 구금되어서는 안 된다.

11조 모든 시민은 자유롭게 의견을 말하고 글을 쓰고 출판할 수 있다.

17조 소유권은 신성한 것으로 남에게 뺏길 수 없는 권리이다.

「프랑스 인권 선언」에는 오늘날 우리가 생각하는 인권의 특성과 개념이 고루 담겨 있어. 그뿐만이 아니라 제3조에서는 '모든 주권의 원리는 국민에게 있다.'고 함으로써 민주주의의 기본 원리도 명확히 하고 있단다. 또 가만히 보면 표현만 조금 다를 뿐 미국 「독립 선언서」에 있는 중요한 내용들이 거의 포함되어 있지.

특히 「프랑스 인권 선언」은 그동안 유럽 사회를 유지해 온 신분제를 뒤집어엎고, 모든 사람이 자유롭고 평등한 사회를 이루고자 하는 소망을 담고 있단다.

그런데 「프랑스 인권 선언」에서는 '인간'과 '시민'을 따로 구분하고, '인간의 권리'와 '시민의 권리'를 각각 따로 규정했어.

여기서 '인간의 권리'는 인간이 태어날 때부터 갖고 있는 자연권을 뜻해. 자유권, 재산권, 억압에 대한 저항권 따위가 여기에 속하지. 이에 비해 '시민의 권리'는 나랏일을 결정하는 데 참여할 수 있는 권리를 주로 의미한단다.

「프랑스 인권 선언」은 1791년 제정된 프랑스 헌법의 바탕이 되었고, 세계 여러 나라의 헌법과 정치에도 큰 영향을 끼쳤어. 그렇지만 올랭프 드 구즈의 이야기에서도 살펴보았듯, 남성에게만 해당되었다는 한계가 있단다.

프랑스 혁명의 교과서, 『사회 계약론』을 쓴 장 자크 루소

프랑스 혁명이 일어났을 때, 파리 시민들에게 감시를 받는 처지에 놓였던 루이 16세는 이렇게 말했다고 해.

"나의 왕국을 망친 놈 중 하나는 장 자크 루소이다."

도대체 장 자크 루소(1712년~1778년)가 누구이기에 루이 16세가 이렇게 말했을까?

루소는 어린 시절 학교를 제대로 다니지 못했고, 여러 직업을 전전하며 이리저리 떠돌았어. 그러다가 책을 읽으며 혼자 공부했고, 잡지에 논문이 당선되면서 철학자이자 사상가로 이름을 알리기 시작했단다.

루소는 인간은 원래 자유롭고 선했는데, 나쁜 제도로 인해 악하게 변했다고 주장했어.

인간은 자유로운 존재로 태어났다. 하지만 곳곳에서 사슬에 묶여 있다. 자기가 다른 사람의 주인이라고 생각하는 사람도 사실은 더한 사슬에 묶인 노예다.

루소가 쓴 『사회 계약론』의 첫 구절은 이렇게 시작돼. 여기에서 '사슬에 묶여 있다.'라고 한 것은 인권이 억압받고 있다는 것을 뜻해.

그렇다면 인간이 사슬로부터 벗어나려면 어떻게 해야 할까? 루소는 자연 상태로 돌아가는 것이 가장 좋지만, 그럴 수가 없기 때문에 국가와 정당한 계약을 함으로써 자유와 타고난 권리를 법으로 보장받아야 한다고 했어.

바꾸어 말하면 인간은 타고난 자유와 권리를 보호받기 위해 사회 계약을 통해 국가를 만들었고, 그렇기 때문에 국가의 주권은 국민에게 있다는 이야기야.

또 법은 국민의 뜻에 따라 만들어야 하고, 법 앞에선 모두가 평등하며, 국가는 법이 정한 범위 안에서만 국민에게 통치권을 행사할 수 있다고 했지. 그리고 누구나 스스로 인권을 지키고 찾아야 한다고 강조했어.

자유를 포기하는 것은 인간으로서의 자격을 포기하는 것이며 인간의 권리, 나아가 의무까지도 포기하는 것이다.

루소가 주장한 이런 내용들은 그가 살아 있을 때는 크게 인정을 받지 못했어. 하지만 그가 죽은 지 11년 뒤 일어난 프랑스 혁명에는 아주 큰 영향을 미쳤지. 많은 사람들이 『사회 계약론』을 읽으며 혁명의 정신을 깨쳤다고 하거든. 심지어 루소의 『사회 계약론』을 프랑스 혁명의 교과서라고 말하는 사람도 있었다고 하니, 루이 16세가 왜 루소를 원망했는지 알겠지?

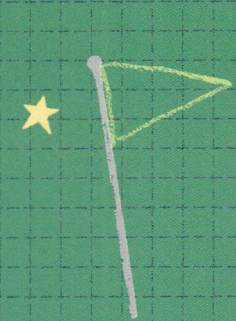

-5-
사람이 곧 하늘이다!
동학 농민 운동

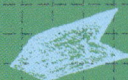

　유럽과 미국에서 혁명이 일어나 인권을 발전시켜 가고 있을 무렵, 우리나라에서도 그와 비슷한 움직임이 펼쳐졌어. 1894년에 일어난 '동학 농민 운동'이 바로 그것이지.
　그때 조선은 나라 안팎으로 무척 어지러웠어. 나라 밖에서는 청나라·일본·서양의 여러 나라들이 밀려 들어왔고, 나라 안에서는 탐관오리들이 넘쳐나 백성들이 살기가 무척 어려웠지.
　특히 전라도 고부(오늘날 전라북도 정읍)에서는 군수 조병갑이 심한 횡포를 부리며 농민들을 몹시 괴롭혔어. 그러자 동학을 믿던 전봉준이 농민들을 일깨워 동학 농민 운동을 일으켰단다. 전봉준과 동학 농민 운동에 대해 알려 줄 테니 어서 따라오렴.

차별 없는 세상을 꿈꾼 농민들

인내천 사상, 조선에 널리 퍼지다

"새 세상이 와서 모든 차별이 없어지고 마음 편하게 살아 봤으면."

"세금을 내고 나면 남는 게 하나도 없어. 배가 터지도록 먹어 봤으면 소원이 없겠다."

조선 시대 후기의 백성들은 늘 이런 생각을 했어. 탐관오리*들은 자기 욕심을 채우기에 바빴고, 백성들은 그런 관리들에게 온갖 세금을 바치느라 허리가 휘었거든. 그래서 늘 가난과 굶주림 속에서 큰 고통을 받았단다.

게다가 청나라와 일본, 서양 여러 나라들이 호시탐탐 조선을 넘보았어. 조선은 바람 앞의 촛불처럼 무척 위태로웠지.

이렇게 조선이 어수선한 틈에 '천주교'가 들어와 '서학'이라는 이름으로 빠르게 퍼졌어. 백성들은 서학에 큰 관심을 보였지. 왜냐하면 서학은 '모든 사람이 평등하다.'고 말하며 차별하지 않았거든. 조선은 신분 차별은 물론, 남녀 차별도 심한 사회였는데 말이야.

그러다 보니 양반에 치이던 상민과 천민, 남성에 치이던 여성들이 너도나도 서학을 믿기 시작했지.

이렇게 되자 조정은 서학을 금지하고 지도자와 신도들을 처형하거나 유배 보내는 등 심하게 억누르기 시작했어. 서학이 조선의 사회 질서를 무너

---
*탐관오리 백성의 재물을 빼앗고 못된 짓을 일삼는 벼슬아치

뜨리려 한다고 생각했기 때문이야. 그런데 말이야, 조정뿐만이 아니라 백성 가운데서도 서학이 널리 퍼지는 것을 걱정하는 사람들이 많았어. 조선의 통치 이념인 유교에서는 제사를 매우 중요하게 생각했는데, 서학은 제사를 지내지 말라고 했기 때문이야.

그러던 중 경주에서 최제우(1824년~1864년)가 유교, 불교, 도교, 민간 신앙 등의 장점을 모두 합친 새로운 종교를 만들었어. 그것이 바로 '동학'이야. 동학이라는 이름은 서학에 맞선다는 뜻에서 지었지.

동학은 '사람이 곧 하늘이다.'라는 뜻의 '인내천(人乃天)' 사상을 중심으로 한 종교야. 인내천 사상이란 모든 사람은 하늘처럼 고귀하므로 누구든 차별 없이 평등하게 대해야 한다는 것이었지. 아무 희망 없이 하루하루를 고달프게 살던 백성들이 너도나도 동학을 믿고 따르기 시작했어.

"신분이 높든 낮든, 재산이 많든 적든, 남자든 여자든, 어른이든 아이든 모두가 평등하다니 얼마나 좋은가? 그러니 동학을 믿어 보게."

"서학처럼 조상님 제사를 못 지내게 하지도 않으니 더 좋구먼."

이렇게 동학은 빠른 속도로 조선 곳곳에 퍼져 나갔어. 그러자 조정에서는 동학을 믿는 것을 금지하고, 최제우는 물론 동학을 믿는 사람들을 잡아 처형했어. 백성을 홀리는 종교를 만들었다는 이유에서였지. 조정은 신분을 차별하지 않고 모두가 평등하다고 말하는 동학이 서학과 마찬가지로 위험한 종교라고 생각했거든. 하지만 조정의 탄압이 거세질수록 동학을 믿는 사람들이 늘어났고, 조직까지 촘촘히 만들어 나가기 시작했어.

△ 동학을 일으킨 최제우

군수의 횡포에 들고일어난 고부 농민들

그러던 중 전라도 고부에서 백성들이 난을 일으켰어. 새로 온 군수 조병갑이 백성들을 쥐어짜며 재산을 불렸기 때문이야.

조병갑은 이미 저수지가 있는데도 일손 바쁜 농민들을 부려 새 저수지를 만들게 했어. 저수지가 완성되자 엄청난 세금을 받아 챙기는가 하면, 자기 아버지의 덕을 기리는 비석을 세운다며 돈을 걷기도 했단다.

그뿐만이 아니라 부모에게 불효한 죄, 이웃과 화목하지 않은 죄 등 어처구니없는 죄를 만들어 씌워 벌금을 내게 했어. 돈을 내지 못하는 사람은 매로 다스렸지.

참다못한 백성들은 조병갑을 찾아가 사정했어.

"저희 처지를 불쌍히 여기시어 세금을 조금만 줄여 주십시오."

"식구들이 굶어 죽을 지경인데, 어떻게 세금을 내겠습니까? 부디 헤아려 주십시오."

하지만 조병갑은 농민들 말을 들어주기는커녕 흠씬 두들겨 패서 보내거나 옥에 가두어 버렸지.

전봉준(1855년~1895년)의 아버지도 이 일에 앞장섰다가 매를 맞고 죽었어. 이를 계기로 전봉준과 고부 농민들은 더 이상 참지 않기로 다짐했단다. 1894년 1월, 전봉준이 농민들 앞에서 소리 높여 외쳤어.

"탐욕스러운 군수의 횡포를 더는 보고만 있을 수 없습니다. 관아로 가서 조병갑의 목을 베고, 잘못된 세상을 바로잡읍시다!"

"군수를 비롯한 탐관오리를 혼내 주고 우리도 사람답게 잘 먹고 잘 살아 봅시다!"

농민들은 대나무로 만든 창을 들고 고부 관아로 달려갔어. 하지만 조병갑이 소식을 듣고 도망친 뒤였지.

농민들은 억울하게 옥에 갇혀 있던 이들을 풀어 주고, 무기를 차지했어. 또 곡식 창고를 열어 조병갑이 부당하게 가로챈 곡식들을 백성들에게 고루 나누어 주었지.

그러자 조정에서는 관리를 내려보내 농민들을 구슬렸어. 원하는 것을 들어줄 테니 집으로 돌아가라고 말이야. 농민들은 그 말을 믿고 집으로 돌아갔단다.

그런데 다시 새로운 관리가 내려와 난을 일으킨 이들을 벌하겠다며 백성들을 줄줄이 잡아 가뒀어. 특히 동학 때문에 난이 일어났다며 동학을 믿는 사람들을 억누르기 시작했지. 난을 일으키는 데 중심이 된 전봉준이 고부 지역의 동학 지도자였기 때문이야.

전봉준과 농민들은 분노해 다시 들고일어났어. 전봉준은 다른 지역에 있는 동학 지도자들에게까지 사실을 알리고 도움을 요청했지. 그러자 전국 곳곳에서 동학 지도자들과 농민들이 고부로 몰려왔어. 이렇게 모인 사람의 수가 무려 1만 3천여 명이나 되었다고 해.

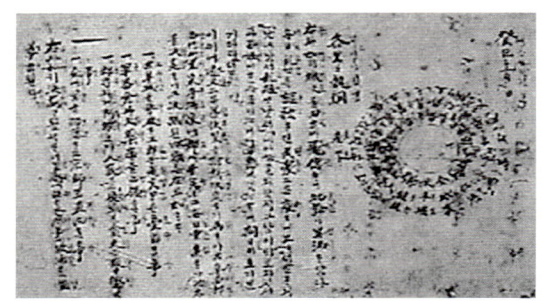

◁ 전봉준을 비롯한 동학 간부들이 모여 농민군의 최종 목표를 적은 '사발통문'. 주모자를 알 수 없도록 이름을 사발 모양으로 둥글게 돌려 썼다.

인권을 외친 동학 농민 운동

동학 농민군은 고부의 '백산'이라는 곳에 진을 쳤어. 1894년 5월에는 전봉준을 총대장으로 삼고, '보국안민'이라고 쓴 깃발을 높이 치켜들었지. 보국안민이란 '나라를 바로잡고 백성을 편안하게 한다.'는 뜻이야.

그러고는 '우리가 의로운 깃발을 들어 여기에 이른 것은 백성들을 고난에서 건지고, 나라를 반듯하게 세우기 위함이다. 안으로는 썩어 빠진 관리의 머리를 베고, 밖으로는 외세를 쫓아내고자 한다.'라고 선언했단다.

고부에서 일어났던 작은 민란은 이렇게 이웃 고을 농민들까지 힘을 합치면서 '동학 농민 운동'으로 확대되었어. 이때가 갑오년이었기 때문에, 다른 말로 '갑오 농민 운동'이라고도 하지.

동학 농민군은 관군과 치열하게 싸워 잇달아 이겼어. 그래서 여러 고을을 손에 넣고 한 달 만에 전주성까지 점령했지.

조정은 당황해서 동학 농민군을 무찌를 군대를 보내 달라고 청나라에 부탁했어. 그런데 청나라가 군대를 보내자 일본까지 덩달아 조선에 군대를 보냈단다.

그즈음 일본과 청나라는 조선에 군대를 보낼 경우 서로 알리겠다는 조약을 맺고 있었거든. 그런데 청나라가 미리 알리지 않고 조선에 군대를 보내자, 그 조약을 어겼다는 이유로 일본도 군대를 보냈던 거야.

한꺼번에 두 나라 군대가 들어오자 조정은 물론이고 동학 농민군도 깜짝 놀랐어. 자칫 조선 땅에서 청나라와 일본이 전쟁을 벌일 판이었거든.

동학 농민군은 조정과 싸우는 게 문제가 아니라 외세를 몰아내는 것이 우선이라고 판단했어. 그래서 조정과 협상을 했단다.

"우리가 만든 「폐정 개혁안」을 받아들여 준다면 전주성에서 나오겠소."

「폐정 개혁안」은 잘못된 정치와 사회를 바로잡기 위해 실천해야 할 것들을 낱낱이 적은 것이었어. 조정은 동학 농민군의 제안을 받아들였어. 이를 일컬어 '전주 화약'이라고 한단다. '전주에서 서로 화해하며 맺은 약속'이란 뜻이야.

그 뒤 동학 농민군은 전주성에 물러나 각자의 고을로 돌아갔어. 그러곤 '집강소'라는 농민 자치 기구를 설치하고 「폐정 개혁안」에 따라 잘못된 점을 하나하나 바로잡아가기 시작했지.

「폐정 개혁안」에는 농민을 괴롭힌 관리나 못된 양반을 처벌하고, 노비 문서를 없앤다는 내용이 들어 있었어. 또 천민에 대한 차별을 없애고, 과부가 다시 결혼하는 것을 허락하며, 관리를 뽑을 때는 능력을 보고 뽑는다는 등의 내용도 있었지. 이 내용대로라면 금방 새로운 세상이 열릴 것 같았어.

그런데 이번엔 일본이 문제가 됐어. 동학 농민군이 흩어지자 조정에서는 일본한테 군대를 물리라고 했어. 하지만 일본은 혼란스러운 조선을 돕겠다며 미적거리더니 청나라와 전쟁까지 일으켰단다. 그러다 청나라에 승리를 거두자 감췄던 속셈을 드러내며 조선을 집어삼키려 했어. 전봉준과 농민들은 일본이 한 짓을 알고는 땅을 치며 분노했어.

"외세를 몰아내려고 조정과 화해했는데, 나라가 이 지경이 되다니."

"일본을 쫓아내고 조선을 구할 자는 무능한 조정도, 관리도 아닌 오직 우리뿐이다!"

동학 농민군은 1894년 9월 다시 들고일어났어. 지난 봉기가 잘못된 정치를 바로잡고 모두가 잘 사는 평등한 사회를 만들기 위한 것이었다면, 이번

봉기는 조선 땅에서 일본을 물리치기 위한 것이었지.

동학 농민군은 일본군에 맞서 싸웠어. 하지만 충청도 공주에서 끝내 패하고 말았지. 신식 무기를 갖춘 일본군을 대나무 창과 낫만으로 당해 낼 수 없었기 때문이야. 결국 전봉준은 일본군에 붙잡혀 목숨을 잃었어. 이렇게 전봉준이 목숨을 잃으면서, 동학 농민 운동도 막을 내렸단다.

동학 농민 운동은 성공하지는 못했지만 지배층에게 억압받던 농민들이 스스로 일어나 사회를 바꾸려 했다는 점에서 큰 의의를 가지고 있어. 또 차별받고 천대받는 이들의 인권을 찾아 주려 했다는 점도 높이 평가할 만하지. 그뿐 아니라 외세에 맞서 조선을 지키려 했던 의로운 민족 운동이었다는 점도 함께 기억하면 좋겠구나.

△ 동학 농민 운동의 모습을 그린 〈동학혁명도〉

동학 농민군의 소망이 담긴 「폐정 개혁안」

동학 농민 운동이 처음 일어났을 때 동학 농민군은 아래와 같은 글을 발표했어.

> 우리가 의로운 깃발을 든 것은 그 뜻이 다른 데 있는 것이 아니다.
>
> 백성들을 고난의 수렁에서 건지고 나라를 반듯하게 세우기 위함이다. 그래서 안으로는 썩어 빠진 관리의 머리를 베고, 밖으로는 횡포한 외세를 쫓아버고자 한다.
>
> 양반과 부자에게 고통받는 백성들과 관리와 수령 밑에서 굴욕당하는 힘없는 향리들은 우리와 마찬가지로 원한이 깊은 자이다. 조금도 주저하지 말고 지금 일어나라. 만일 기회를 잃으면 후회하여도 늦으리라.

이 글에는 잘못된 정치와 사회 제도 때문에 인권이 억눌린 채 살아가는 백성들을 일으켜 세우겠다는 강한 의지가 담겨 있단다.

동학 농민군이 조정과 전주 화약을 맺을 때 내놓은 「폐정 개혁안」 역시 잘못된 사회 구조를 뿌리부터 바꾸고 모든 사람이 평등한 세상을 만들고자 하는 간절한 바람을 담았지.

「폐정 개혁안」은 모두 12개 조항으로 되어 있단다. 여기서 1, 10, 11, 12조항을 뺀 나머지 것들은 모두 인권과 관계가 있어.

신분에 따른 차별이나 억압을 없애라고 한 것은 물론이고 과부의 재혼을 허락하라는 등 그 당시로서는 주장하기 힘들었던 여성 인권을 존중하는 모습까지 보여 주었거든. 동학 농민군들의 새로운 생각들, 정말 대단하지? 「폐정 개혁안」 12개조를 함께 살펴볼까?

1. 동학과 정부는 서로 나쁜 감정을 없애고 정치에 협력할 것.
2. 탐관오리의 죄를 조사하여 벌줄 것.
3. 횡포한 부자들을 엄히 벌할 것.
4. 나쁜 선비와 못된 양반을 벌할 것.
5. 노비 문서를 불태워 없앨 것.
6. 천민에 대한 대우를 개선할 것.
7. 젊은 과부가 다시 시집가는 것을 허락할 것.
8. 불법으로 걷는 세금을 없앨 것.
9. 집안 대신 능력에 따라 관리를 뽑을 것.
10. 일본인과 몰래 통하는 자를 엄히 벌할 것.
11. 농민이 이전에 진 빚은 모두 무효로 할 것.
12. 토지를 골고루 나누어 농사짓게 할 것.

동학 농민군을 이끈 녹두 장군, 전봉준

"새야 새야 파랑새야 녹두밭에 앉지 마라. 녹두꽃이 떨어지면 청포장수 울고 간다."

이렇게 시작하는 노래를 들어 본 적 있니? 동학 농민 운동 때 퍼지기 시작해 우리나라 곳곳에서 불리던 〈새야 새야 파랑새야〉라는 민요란다. 여기서 '녹두'는 전봉준을, '청포장수'는 농민을, '파랑새'는 일본군을 가리킨다고 해. 전봉준은 키가 작아서 알맹이가 작은 녹두에 비교되곤 했대. 그래서 '녹두 장군'이라는 별명으로 불렸지. 청포는 녹두로 만든 묵이란다. 일본군이 파랑새로 비유된 것은 그때 일본군이 파란색 군복을 입었기 때문이래.

이 노래가 어떻게 만들어졌는지는 정확히 알려지지 않았어. 하지만 동학 농민 운동을 일으켰지만 성공하지 못하고 일본군에 목숨을 잃은 전봉준을 기리기 위해 만든 노래라고 널리 알려져 있지.

전봉준이 동학에 발을 디딘 것은 서른 살이 넘은 뒤부터야. 그는 고부 지역의 동학 지도자가 되어 동학을 이끌었단다.

전봉준은 '조선은 곧 허물어질 집이요, 중병에 걸린 환자'라며, 농민이 직접 새로운 세상을 만들어야 한다고 강조했어.

그러나 전봉준은 일본군에 패하면서 꿈꾸던 새 세상을 열어 보지도 못한 채 세상을 떠나고 말았어. 일단 몸을 피한 뒤 다시 일어서기 위해 옛 부하 집에 잠시 머물렀는데, 현상금에 눈이 먼 부하가 전봉준이 와 있는 걸 고자질했기 때문이야. 전봉준은 일본군에게 넘겨져 모진 고문을 받았어. 그때 일본군은 이렇게 말했다고 해.

"지금이라도 살려 달라고 애원하면 일본으로 데려가 원하는 대로 해 주겠다."

하지만 전봉준은 당당히 대답했단다.

"구차하게 살 길을 구하는 것은 나의 뜻이 아니다."

전봉준은 1895년 3월, 처형되기 바로 전에 아래와 같은 시를 남겼어.

> 때를 만나 천하가 모두 힘을 합했건만
> 운이 다하니 영웅도 스스로 어쩔 수가 없구나
> 백성을 사랑하는 정의로운 길이 어찌 나의 허물이랴
> 나라를 위하는 굳은 마음을 그 누가 알리

전봉준이 얼마나 꿋꿋했는지, 나라와 백성을 사랑하는 마음이 얼마나 깊었는지 이 시를 통해 미루어 짐작해 볼 수 있지?

◁ 일본군에 잡혀가는 전봉준

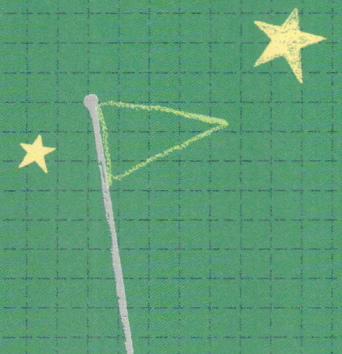

-6-
세계 모든 이들의 인권을 위하여!
세계 인권 선언

  1900년대 들어 세계는 큰 전쟁을 두 차례나 치러야 했어. 바로 제1, 2차 세계 대전이야. 이 두 번의 전쟁으로 기관총·탱크·전투기·잠수함·독가스·원자 폭탄 등 최첨단 무기가 등장했고, 이전의 전쟁과는 비교할 수 없을 정도로 많은 사람들이 죽거나 다쳤어. 또 그동안 여러 혁명을 통해 힘들게 발전시켜 온 인권도 후퇴하고 말았어. 목숨을 함부로 앗아 가고 자유를 억누르는 전쟁이야말로 인권을 가장 심하게 위협하는 존재거든.

  두 차례의 세계 대전이 끝난 뒤 온 세계 사람들은 평화와 인권을 지켜야겠다고 생각했어. 그래서 1945년에 유엔(UN, United Nations)을 만들고, 1948년 6월에는 「세계 인권 선언」도 채택했지.

  「세계 인권 선언」은 어떻게 탄생했는지, 얼마나 중요한 의미를 지니고 있는지 함께 이야기해 보자.

전쟁의 아픔을 딛고 탄생한 「세계 인권 선언」

인권을 후퇴시킨 세계 대전

1914년 6월 28일, 보스니아 수도 사라예보에서 오스트리아 황태자 부부가 총에 맞아 죽는 사건이 일어났어. 세르비아가 탐내던 보스니아를 오스트리아가 차지하자, 세르비아 청년이 불만을 품고 총을 쐈던 거야.

그러자 오스트리아는 세르비아에 전쟁을 선포했고, 러시아는 세르비아를 지원했어. 오스트리아와 친구 나라이던 독일은 러시아와 프랑스에 전쟁을 선언했지. 이렇게 해서 제1차 세계 대전이 시작되었단다.

전쟁의 불길은 금세 유럽 곳곳으로 번졌어. 오로지 이익을 좇아 여러 나라가 서로 얽히고설킨 채 전쟁에 뛰어들었기 때문이야. 나중엔 유럽뿐 아니라 일본과 미국까지 끼어들어 규모가 더 커졌지.

병사들은 왜 싸워야 하는지도 모르는 채 죽어 갔어. 그뿐 아니라 군인이 아닌 사람들도 어른 아이 할 것 없이 피 흘리며 쓰러져 갔지. 그러다 1918년 11월 독일이 항복하면서 제1차 세계 대전은 겨우 끝이 났단다.

하지만 그로부터 20년이 지난 1939년, 더 큰 전쟁이 일어났어. 독일이 폴란드를 공격하면서 제2차 세계 대전이 벌어진 거야.

독일은 제1차 세계 대전에 대한 손해를 갚느라 나라 살림이 말이 아니었어. 여기에 세계적인 경제 위기까지 닥치면서 허리띠를 더 졸라매야 했지. 그런데 경제가 살아나지 않자 다른 나라를 빼앗아 경제를 일으키려고 전쟁을 벌였던 거야.

독일에 이어 이탈리아, 일본까지 다른 나라를 침략하면서 제2차 세계 대전은 점점 더 확대됐어. 독일·이탈리아·일본이 한편이 됐고, 여기에 맞서 영국·프랑스·소련이 연합군을 꾸렸지.

그런데 일본이 하와이 진주만에 있던 미국 군대를 공격하면서 미국까지 연합군에 힘을 보탰어. 그 결과 이탈리아와 독일이 먼저 항복을 선언했고, 1945년 8월 일본까지 항복함으로써 전쟁은 막을 내렸단다.

제2차 세계 대전은 인류 역사에서 가장 많은 사람이 죽고 다친 전쟁이었어. 세계 인구의 80%가 전쟁에 시달렸고 약 5천만 명이 목숨을 잃었다고 해. 정말 어마어마한 숫자지?

이렇게 두 차례 세계 대전을 치르는 동안 인권은 뒷걸음질했어. 전쟁은 사람의 목숨을 무참히 앗아 가는 것은 물론, 평화를 파괴하고 자유를 억누르는 등 인권을 가장 심하게 위협하거든.

인권의 국제 기준이 탄생하다

　세계는 어떻게 해서든 전쟁을 막고 평화와 인권을 지켜야겠다고 생각했어. 그래서 여러 나라가 뜻을 합쳐 1945년 10월 유엔(UN, United Nations)을 만들었지.

　유엔은 인권 문제를 특별히 다루기 위해 각 나라의 대표를 뽑아 인권 위원회도 따로 두었어.

　인권 위원회의 첫 위원장으로는 미국 제32대 대통령이었던 프랭클린 루스벨트의 부인, 엘리너 루스벨트가 뽑혔어. 엘리너는 열정적이고 책임감 있게 인권 위원회를 이끌어 나갔지.

　유엔 인권 위원회가 가장 중요하게 여긴 일은 인권에 대한 국제적인 기준을 마련하는 것이었어. 하지만 '인권이란 무엇인가'를 정하는 것부터가 쉽지 않았단다.

유엔은?

　유엔은 제2차 세계 대전이 끝난 직후인 1945년 10월 24일에 설립됐어. 전쟁을 막고 세계 평화를 지키기 위해 만들어진 국제기구이지. '국제 연합'이라고 부르기도 한단다.

　유엔의 본부는 미국 뉴욕에 있고, 현재 193개의 나라가 가입되어 있어. 유엔은 국가와 국가 사이에 생겨나는 갈등을 조정하고, 전쟁이 일어난 곳에 평화 유지군을 보내기도 해.

　우리나라는 1991년에 북한과 함께 유엔에 가입했어. 2006년에는 반기문 전 외교통상부 장관이 유엔 사무총장에 당선되기도 했지.

　정치 체제, 종교, 문화, 언어 등 모든 것이 서로 다른 여러 나라 대표들이 모였으니 그럴 수밖에 없었지.

　그러다 보니 처음엔 위원들끼리 생각이 달라 서로 부딪칠 뻔한 적도 많았어. 그렇지만 각국 대표들은 서로의 의견을 존중하려 애쓰며 머리를 맞대고 토론을 하고 또 했단다.

"어떻게 하면 세계인 누구에게나 적용할 수 있는 인권의 기준을 만들 수 있을까요?"

"비록 어렵더라도 우리가 해내야만 합니다. 그래야 모든 나라 사람들이 인권을 침해받지 않고 사람답게 살 수 있어요."

"옳습니다. 그런데 우리끼리만 생각하니 한계가 있는 것 같아요. 다른 분들의 의견도 들어 봅시다."

그래서 인권 위원회는 세계의 지식인과 인권 운동가 70여 명에게 설문지를 보내 인권의 국제적 기준을 정할 때 어떤 내용이 들어가면 좋을지 물었어. 설문지를 받은 사람들은 저마다 진지하고 다양한 의견을 보내 주었지.

그것을 바탕으로 프랑스 법학자이자 유대 인이었던 르네 카생이 「세계 인권 선언」 초안을 만들었어.

각국 대표들은 초안을 훑어보면서 논의했지. 이런 과정을 거친 끝에 드디어 「세계 인권 선언」이 완성됐단다. 그리고 1948년 12월 10일, 유엔 총회에서 투표한 결과 「세계 인권 선언」이 채택되었어. 58개 유엔 회원국 중에서 8개국이 기권하고, 48개국이 찬성표를 던졌거든. 2개국은 참석하지 않았고 말이야.

「세계 인권 선언」은 세계 모든 국가의 국민들이 누릴 수 있는 인권의 공동 기준이자 기초적인 약속이라는 점에서 아주 의미가 깊어. 오늘날 대부분의 나라의 헌법이나 기본법에도 「세계 인권 선언」의 내용이 반영돼 있거든.

하지만 「세계 인권 선언」은 그야말로 '선언'이라서 그 내용을 지키지 않고 어긴다 해도 법으로 어떻게 할 수가 없었어. 그래서 법학자와 인권 운동가들은 인권에 관한 국제 조약을 만들어야 한다고 목소리를 높였지. 조약은 선언과는 달리 제대로 지키지 않았을 경우 법으로 제제할 수 있거든.

그 결과 유엔 총회는 인권에 관한 여러 가지 국제 조약을 채택했단다. 「세계 인권 선언」과 더불어 이러한 인권 관련 국제 조약들이 마련되면서, 세계 모든 나라 사람들은 인권을 한층 더 보장받을 수 있게 되었지.

수많은 유대 인을 죽음으로 몰고 간 히틀러

제2차 세계 대전이 일어났을 때 독일의 지도자는 히틀러였어. 히틀러는 자신이 속한 게르만 족이 세상에서 가장 뛰어나다고 생각했어. 유대 인은 가장 하찮은 인종이며, 세상을 어지럽게 만들 것이라고 믿었지. 그래서 유대 인을 모두 죽여야 한다고 주장했단다.

히틀러는 독일뿐 아니라 유럽 곳곳 독일이 차지한 나라에 살고 있는 유대 인까지 샅샅이 찾아내 수용소에 몰아넣고 죽게 만들었어. 이렇게 목숨을 잃은 유대 인의 수는 600만 명이나 된다고 해. 그뿐만이 아니라 히틀러는 같은 독일 사람일지라도 집시, 동성애자, 장애인, 노약자, 자기 생각에 반대하는 사람들의 목숨도 빼앗았어. 한 사람의 잘못된 생각이 인류를 큰 고통으로 몰고 간 거야.

 깊이 읽기

인권을 지키는 세계인의 약속

1948년, 유엔 총회에서 채택된 「세계 인권 선언」의 앞부분에서는 이 선언을 만든 이유를 밝히고 있어. 함께 읽어 볼까?

> 유엔 헌장은 이미 기본적 인권, 인간의 존엄과 가치, 남녀의 동등한 권리에 대한 신념을 확인했으며, 보다 폭넓은 자유 속에서 사회를 발전시키고 생활 수준을 높여 가자고 다짐했다. 그런데 이런 약속을 제대로 실천하려면 인권이 무엇인지, 자유가 무엇인지에 대해 모든 사람이 이해할 수 있도록 하는 것이 가장 중요하지 않겠는가?
>
> 따라서 유엔 총회는 이제 모든 개인과 조직이 이 선언을 언제나 마음속 깊이 간직하면서, 회원국 국민들이라면 누구나 권리와 자유를 누릴 수 있도록 '인류가 다 함께 달성해야 할 하나의 공통적인 기준'으로서 이 「세계 인권 선언」을 선포하는 바이다.

인권을 무시함으로써 야만적이고 참혹한 결과를 가져온 세계 대전을 반성하면서, 모두가 인권을 누릴 수 있는 공통적인 기준이 필요해 「세계 인권 선언」을 만들었던 거야.

그런 다음 30개 조항에 세계인이 누리고 지켜야 할 인권의 기준을 명시해 놓았어. 그중에서도 제1~3조는 꼭 알아 둘 필요가 있어. 이 선언의 핵심이자 기본 원칙이 되는 내용이거든.

> 1조 모든 사람은 태어날 때부터 자유롭고, 존엄하며, 평등하다. 모든 사람은 서로를 형제 사랑의 정신으로 대해야 한다.
>
> 2조 모든 사람은 인종, 성별, 언어, 종교, 정치에 대한 생각, 국적 등 어떤 이유로도 차별받지 않으며 이 선언에 제시된 모든 권리와 자유를 누릴 자격이 있다.
>
> 3조 모든 사람은 생명을 지킬 권리, 신체의 자유와 안전을 누릴 권리가 있다.

「세계 인권 선언」은 모든 사람의 인권이 보장돼야 한다는 것을 국제적으로 선언한 최초의 문서야. 물론 이 선언에 앞서 미국 「독립 선언서」나 「프랑스 인권 선언」 등이 있었지만, 그 문서들은 노예나 여성·외국에 사는 국민 등 모든 사람의 보편적 인권을 다룬 것은 아니었거든. 「세계 인권 선언」은 모든 세계인이 누리고 지켜야 할 인권의 목록을 세세히 정했다는 점에서 그 뜻이 매우 깊단다.

「세계 인권 선언」 탄생을 이끈 엘리너 루스벨트

1939년, 엘리너 루스벨트(1884년~1962년)는 어이없는 소식을 들었어. 유명한 여성 성악가인 마리안 앤더슨이 미국 워싱턴 D.C.에 있는 헌법 회관 콘서트홀에서 공연을 하고 싶어 했는데, 건물 주인인 '미국 혁명의 딸들'이라는 단체가 거절해 못하게 됐다는 거였어. 건물 주인이 공연을 거절한 이유는 단지 앤더슨이 흑인이었기 때문이야.

그때 미국에서는 흑인들이 크게 차별받고 있었고, 엘리너는 그런 흑인들을 위해 인권 운동을 펼치고 있었어. 더구나 엘리너는 '미국 혁명의 딸들' 회원이었기에 단체의 태도에 더욱 화가 났단다.

엘리너는 그 즉시 단체에서 탈퇴했어. 그러고는 앤더슨이 링컨 기념관에서 공연을 할 수 있도록 도왔지. 링컨 기념관은 노예 제도를 없애는 데 큰 공을 세운 미국의 제16대 대통령 링컨의 업적을 기리는 곳이었어. 결국 앤더슨은 링컨 기념관 광장에서 공연을 펼칠 수 있었단다.

엘리너는 미국의 제32대 대통령이었던 프랭클린 루스벨트의 아내이자, 열정적인 인권 운동가였어. 엘리너가 유엔 인권 위원회의 첫 위원장으로 뽑혔던 것도 인권 운동을 활발히 펼친 덕분이었지.

사실 「세계 인권 선언」이 탄생하기까지는 여러 사람의 노력이 있었지만, 그중에서도 가장 큰 역할을 한 사람은 엘리너라고 할 수 있어. 각국 대표들이 의견을 모을 수 있도록 꿋꿋하게 중심을 지켰고, 어렵사리 만든 이 선언이 유엔 총회에서 채택될 수 있도록 온 힘을 다했거든.

엘리너는 결혼한 뒤 한동안은 남편을 뒷바라지하는 데 힘썼어. 그런데 1921년, 프랭클린이 소아마비에 걸려 몸이 불편해지자 그때부터 남편을 돕기 위해 여러 사회 활동을 하기 시작했단다. 그 덕분에 프랭클린은 뉴욕 주지사를 거쳐 1932년에 대통령으로 뽑힐 수 있었지.

그 뒤 엘리너는 대통령의 아내로만 머물지 않고 신문에 글을 연재하고 라디오 프로그램에 나가는가 하면 자기 생각을 밝히는 책을 쓰는 등 활발히 활동했어. 또 미국 곳곳을 돌아다니며 국민들의 의견을 듣고 남편에게 전해 주기도 했지.

특히 엘리너는 여성, 흑인, 유대 인 등 소외받는 사람들 편에 서서 그들의 손을 잡아 주려 애썼어. 여성들이 정치에 참여할 수 있도록 지지하는가 하면, 정부의 중요한 자리에 여성들이 임명되도록 특별한 신경을 쓰기도 했지. 또 앤더슨의 경우에서도 보았듯 흑인들이 인종 차별을 받지 않고 소중한 인권을 누릴 수 있도록 앞장서기도 했단다.

이처럼 세계 평화와 인권 보호를 위해 애쓴 엘리너를 두고 미국 역사학자들은 '20세기 미국의 양심', '20세기 가장 영향력 있는 여성'이라고 평가한단다. 또한 엘리너는 미국 사람들에게 '최고의 퍼스트레이디'이자 '가장 존경받는 미국인'으로 꼽히기도 해.

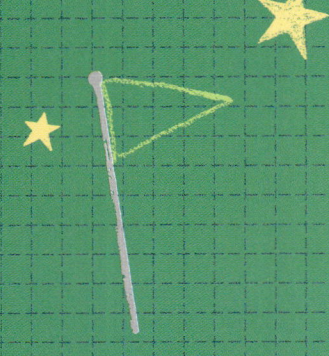

-7-
인권을 외치다!
인권을 지킨 사람들

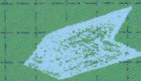

  1955년, 로자 파크스는 버스에서 백인에게 좌석을 양보하지 않았다는 이유로 체포됐어. 이 사건이 불씨가 되어 미국에서는 흑인 인권 운동이 시작되었지. 흑인들이 마틴 루터 킹 목사를 중심으로 '버스 안 타기 운동'을 벌였던 거야. 그 결과 인종 차별법이 폐지되었단다.
  이처럼 지금 우리가 당연하게 누리는 인권은 하루아침에 생겨난 것이 아니야. 수많은 사람들의 노력이 쌓여 비로소 모두가 인권을 누리게 된 것이지. 세계 역사 속에는 인권과 평화를 위해 노력한 사람들이 무척 많아. 물론 우리나라에도 말이야.
  모두가 인권을 누리는 세상을 위해, 자신의 행복보다는 더 많은 사람들의 행복을 위해 힘쓴 그들의 이야기를 들려줄게.

로자 파크스와 마틴 루터 킹, 차별에 맞서다!

왜 흑인은 백인에게 자리를 양보해야 하지?

1955년 12월 어느 날, 미국 몽고메리 시에 살던 흑인 재봉사 로자 파크스(1913년~2005년)는 일을 마친 뒤 집으로 가려고 버스를 탔어. 그러곤 여느 날처럼 유색인 좌석 맨 앞에 앉았지.

그때 미국 남부에는 버스 좌석을 백인 좌석과 유색인 좌석으로 나누는 제도가 있었어. 그래서 백인은 앞쪽 백인 좌석에, 흑인을 비롯한 유색인은 뒤쪽 유색인 좌석에 앉아야 했지. 미국「독립 선언서」에서 '모든 사람은 자유롭고 평등하다.'고 했지만, 그건 백인들한테만 통하는 얘기였던 거야.

그런데 버스에 점점 많은 사람들이 타더니 어느새 백인 좌석이 다 차 버렸어. 그러자 운전기사가 로자를 비롯한 흑인 넷에게 말했어.

"이봐, 거기 흑인들. 얼른 자리에서 일어나지 못해?"

백인 좌석이 꽉 차면, 유색인들은 자기가 앉은 좌석을 백인한테 양보해야 했거든. 유색인은 백인 좌석이 비어 있더라도 절대로 앉아서는 안 되는데 말이지.

운전기사의 말이 떨어지기 무섭게 흑인 셋은 얼른 일어났어. 하지만 로자는 꼼짝 않고 그대로 앉아 있었어. 안 그래도 버스 좌석을 인종에 따라 차별하는 게 불만이었고, 그날따라 몸이 무척 피곤했거든.

로자가 고집을 피우며 계속 앉아 있자 운전기사는 경찰을 불렀어. 경찰은 로자를 체포해 갔지. 흑인들은 이 소식을 듣고 몹시 분노했어.

"말도 안 돼. 똑같은 요금을 내고 버스를 타는데 왜 흑인을 차별하지?"

"버스에서 인종 차별이 없어질 때까지 버스를 타지 말자!"

흑인들은 마틴 루터 킹(1929년~1968년) 목사를 대표로 내세우고 '버스 안 타기 운동'을 시작했어. 방향이 같은 사람끼리 서로 차를 태워 주고, 웬만한 거리는 걸어 다녔지. 심지어 말을 타고 다니는 흑인도 있었단다.

백인들은 그런 흑인들을 가만두지 않았어. 직장에서 내쫓는가 하면 운전 면허증을 취소시키고, 킹 목사를 죽이겠다고 위협했지. 하지만 흑인들은 아랑곳 않고 버스 안 타기 운동을 계속했어.

그 결과 1956년 11월 13일, 381일 동안 이어졌던 버스 안 타기 운동은 성공이란 열매를 거뒀어. 인종에 따라 좌석을 차별하는 몽고메리 시의 버스 탑승 제도가 헌법에 어긋난다는 판결이 났거든.

이 일을 시작으로 미국 곳곳에서는 흑인 인권 운동이 벌어졌어. 여럿이서 힘을 합치면 인종 차별을 없앨 수 있다는 강한 믿음이 흑인들의 마음에 새겨졌던 거야.

인권 운동가들은 로자와 킹 목사를 두고 이렇게 이야기하곤 해.

"흑인들을 일어서게 하기 위해 로자는 앉아 있어야만 했고, 흑인들 모두가 일어설 수 있도록 킹 목사는 앞장서서 싸웠다."

그 후 로자는 흑인들의 인권을 높이기 위한 강연과 시민운동, 그리고 소외된 사람들을 위한 활동을 하며 살았어.

킹 목사는 버스 안 타기 운동처럼 폭력 대신 평화로운 방법을 이용해 흑인들을 위한 인권 운동을 펼쳤어. 그중에서도 1963년에 이끈 '일자리와 자유를 위한 워싱턴 행진'은 미국 역사에서 자유를 위해 펼친 가장 위대한 시위로 손꼽힐 정도로 높은 평가를 받는단다.

이 행진에 앞서 킹 목사는 흑인 인권 운동, 나아가 세계 인권 운동 역사에 길이 남을 아주 유명한 연설을 했어.

"나에게는 꿈이 있습니다. 언젠가 이 나라가 모든 인간은 평등하게 태어났다는 것을 확실한 진실로 받아들이는 날이 오리라는 꿈입니다. 노예의 후손들과 노예 주인의 후손들이 함께 식탁에 앉고, 아이들이 피부색이 아니라 인격에 따라 평가받는 나라에서 사는, 그런 날이 오리라는 꿈입니다."

이처럼 흑인 인권 운동에 크게 이바지한 공로로 킹 목사는 1964년 노벨 평화상을 받았어. 하지만 1968년 그의 활동에 불만을 품은 백인이 쏜 총에 맞아 숨을 거두고 말았지.

킹 목사의 생일인 1월 15일에는 해마다 추모 행사가 열렸어. 이후 1월 세 번째 월요일을 '마틴 루터 킹의 날'로 정해 그의 업적을 기리고 있지. 미국이 특정 인물의 생일을 기념일로 삼은 것은 첫 번째 대통령이었던 조지 워싱턴과 킹 목사 두 사람뿐이야. 미국을 세운 사람이 워싱턴이라면, 킹 목사는 흑과 백으로 갈라졌던 미국인의 마음을 하나로 합쳤다고 여기기 때문이지.

△ 흑인 인권 운동에 이바지한 마틴 루터 킹

세계 역사 속 인권을 지킨 인물들

남아프리카 공화국의 인종 차별 정책을 없앤 넬슨 만델라

넬슨 만델라(1918년~2013년)는 '아파르트헤이트'라는 남아프리카 공화국의 인종 차별 정책을 없애는 데 크게 이바지했어. 아파르트헤이트는 아프리카 말로 '분리'를 뜻해. 남아프리카 공화국은 전체 인구의 16%밖에 되지 않는 백인을 위해 1948년부터 이 정책을 펼쳤단다. 그래서 흑인 및 유색인은 사는 곳, 직장, 학교, 대중교통, 공공시설, 정치, 결혼 등 모든 부분에서 백인과 분리된 채 심한 차별을 받아야 했지.

변호사였던 만델라는 아파르트헤이트가 인권과 자유를 심하게 억압한다고 생각했어. 그래서 '민족의 창'이라는 단체를 만들어 인권 운동을 펼쳤지. 이에 남아프리카 공화국 정부는 만델라를 감옥에 가두었어. 만델라는 1990년 자유의 몸이 되기까지 27년이라는 시간을 감옥에서 보내야 했지만, 감옥에서도 자신의 생각을 세상에 전했단다.

만델라의 이런 노력은 헛되지 않았어. 인종 차별에 반대하는 사람들이 점차 늘어났고, 불평등한 법도 조금씩 고쳐지기 시작했거든.

만델라는 이런 공로를 인정받아 감옥에서 나온 뒤 1993년 노벨 평화상을 받았어. 1994년에는 남아프리카 공화국 최초의 흑인 대통령이 되었지. 그는 대통령이 된 뒤 아파르트헤이트 정책을 없앴단다.

이란의 인권 운동가 시린 에바디

시린 에바디는 1947년 이란에서 태어나 부족함 없는 어린 시절을 보냈어.

여성도 교육을 받아야 한다는 아버지의 뜻에 따라 열심히 공부해서 판사가 될 수 있었단다.

그런데 에바디에게 큰 아픔이 찾아왔어. 단지 여성이라는 이유로 판사 자리에서 쫓겨나고 말았거든. 이란에서는 1979년에 혁명이 일어났는데, 그 뒤 여성은 판사가 되는 것을 금지했기 때문이야.

에바디는 시련에도 지지 않았어. 변호사로 일하면서 여성을 차별하는 잘못된 법과 문화를 고치기 위해 노력했지.

그녀는 여성뿐만이 아니라 어린이의 인권에도 관심이 많았어. 이렇게 열심히 활동하는 동안 여러 차례 감옥에 갇히고, 목숨을 잃을 뻔하기도 했지.

하지만 에바디의 노력 덕분에 이란은 차츰 변화하기 시작했단다. 여성에게 불리하게 되어 있던 이혼이나 재산 상속에 대한 법이 바뀌고, 초등학교 교과서에 실린 남녀 차별적인 내용이 고쳐졌거든.

에바디는 이란의 여성·어린이 인권을 지키기 위해 노력한 것을 인정받아, 2003년에 노벨 평화상을 수상했단다. 지금도 인권 향상을 위해 여러 활동을 벌이고 있지.

우리 역사 속 인권을 지킨 인물들

어린이날을 만든 방정환

방정환(1899년~1931년)이 살았던 때는 우리나라가 일본의 지배를 받던 시기였어. 그때의 어린이들은 부모를 도와 일을 하고, 교육받을 기회를 고루 누리지 못했지. 그뿐만이 아니라 툭하면 매질을 당하는 등 권리를 제대로 보장받지 못했어.

그런 상황에서 1920년 방정환은 '어린이'라는 말을 처음으로 사용했어. '애놈들', '아이'라고 얕잡아 부르던 것을 높임의 뜻을 담아 '어린이'라고 부르기 시작한 거야.

그 뒤 1921년에는 '천도교 소년회'라는 단체를 만들고 동화, 동시 등을 발표하면서 어린이 문화 운동을 펼쳤지. 나아가 1922년에는 5월 1일을 어린이날로 정했어. 1923년에는 우리나라 최초의 어린이 잡지인 『어린이』를 펴내기도 했지.

방정환은 어린이를 하나의 인격체로 대우하고, 만 14세가 되지 않은 어린이에게는 어떠한 노동도 시켜서는 안 되며, 배우면서 즐겁게 놀 수 있는 시설을 만들어 주어야 한다고 주장했단다.

방정환은 33세의 젊은 나이로 세상을 떠났어. 하지만 그가 펼쳤던 어린이 인권 운동은 우리나라 어린이들의 인권을 높이는 데 튼튼한 디딤돌 역할을 했단다.

노동자의 인권을 위해 희생한 전태일

전태일(1948년~1970년)은 노동자들의 인권을 위해 목숨을 바친 노동 운동가야.

전태일은 1960년대 말 서울 청계천의 옷 공장에서 재단사로 일했어. 그는 어린 여성 노동자들이 가혹한 환경에서 제대로 대우받지 못하고 일하는 것을 무척 안타깝게 생각했지.

그 무렵 청계천 부근 옷 공장에는 13~17세밖에 되지 않은 어린 여성 노동자들이 많았어. 그들은 허리 한번 제대로 펼 수 없는 비좁고 어두운 작업장에서 하루 14~15시간씩이나 일을 했지. 하지만 그렇게 힘들게 일하고도 받는 돈은 아주 적었다고 해.

전태일은 여성 노동자들을 도울 방법을 찾다가 노동자들의 인권을 보장하는 근로 기준법이 있다는 것을 알게 됐고, 동료들을 모아 노동 운동을 펼쳤어. 하지만 공장 주인들의 방해로 뜻을 이룰 수 없었지.

전태일은 정당한 요구를 들어주지 않는 것에 분노했어. 그래서 스스로 몸에 불을 붙이는 것으로 간절한 뜻을 전하기로 했어. 뜨거운 불길에 휘감긴 전태일은 근로 기준법을 지키라고 외치며 죽어 갔단다.

전태일 사건은 우리 사회에 큰 충격을 주었을 뿐더러, 노동자들에게도 보호받아야 할 인권이 있다는 것을 알리는 계기가 됐어. 그 후 많은 사람들이 전태일의 뒤를 이어 노동 운동에 뛰어들었고, 그 덕분에 노동자들의 인권이 크게 향상되었단다.

인권 발자국 따라가기

스파르타쿠스의 난
고대 로마의 노예 검투사 스파르타쿠스, 자유를 위해 반란을 일으킴

기원전 73년

「마그나 카르타」
영국의 존 왕, 「마그나 카르타」 승인
뒷날 왕에 맞서 국민의 권리를 지키기 위한 근거로 이용됨

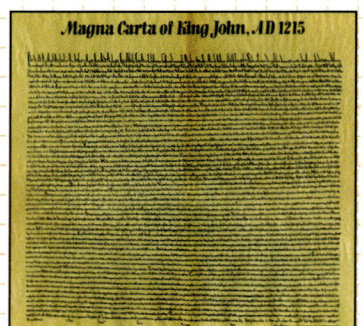

1215년

1198년

만적의 난
고려 시대 노비 만적, 신분 해방을 위해 반란을 일으킴

"왕이며 귀족의 씨가 어디 따로 있다더냐? 힘을 합쳐 노비 신분에서 벗어나 보자!"

청교도 혁명

영국에서 청교도가 중심이 되어 시민 혁명이 일어남

1649년

1628년

「권리 청원」

영국의 찰스 1세,
왕의 권한을 제한하고 국민들이
누려야 할 권리를 주장하는
「권리 청원」 승인

1688년

명예혁명

영국에서 명예혁명 일어남
피를 흘리지 않고 평화롭게 전제
왕정을 입헌 군주제로 바꿈

「권리 장전」
영국 의회,
국민의 권리와 자유를 선언하고
왕위 계승을 정하는
「권리 장전」 승인시킴

1689년

「독립 선언서」
미국, 영국으로부터 독립을 선언하는 「독립 선언서」 발표

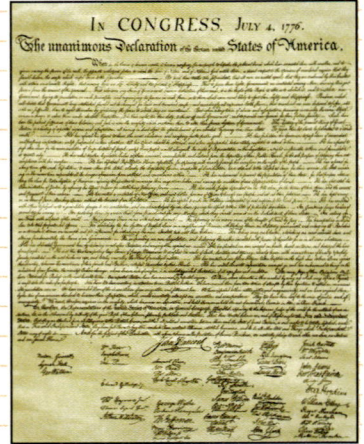

1776년

1775년

독립 혁명
미국, 영국으로부터
독립하기 위해 전쟁을 시작함

동학 농민 운동과 「폐정 개혁안」

전봉준 등을 지도자로
동학교도와 농민들이 힘을 합쳐
농민 운동이 일어남
동학 농민군은 12개 조항으로
이루어진 「폐정 개혁안」 내놓음

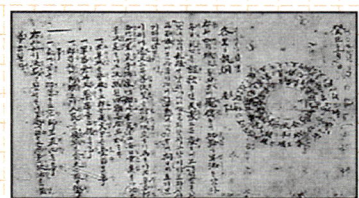

1894년

1789년

프랑스 혁명과 「프랑스 인권 선언」

파리 시민들이 바스티유 감옥을
습격하면서 프랑스 혁명 시작됨
자유·평등·박애의 정신이
깃든 「프랑스 인권 선언」 발표

1948년

「세계 인권 선언」

두 번의 세계 대전을
반성하며 인권의 공동 기준
「세계 인권 선언」을 채택

사진 제공

25쪽 고려 시대 노비 문서 **연합뉴스**
72쪽 동학을 일으킨 최제우 **연합뉴스**
77쪽 〈동학혁명도〉 **연합뉴스**
81쪽 일본군에 잡혀가는 전봉준 **연합뉴스**

그 외 **위키피디아**(wikipedia) 및 **셔터스톡**(shutterstock)